OEUVRES

DE

H. DE BALZAC.

Sous Presse.

Par FRÉDÉRIC SOULIÉ.
CONFESSION GÉNÉRALE.

—

Par Léon GOZLAN.
UN NOUVEAU ROMAN.

—

Par Emile SOUVESTRE.
Mémoires d'un sans-culotte Bas-Breton.

—

Par Auguste LUCHET.
UN NOUVEAU ROMAN.

—

Par Jules LECOMTE.
UNE JEUNESSE ORAGEUSE.

—

Par Alphonse BROT.
LA COMTESSE AUX TROIS GALANS.

Fontainebleau, Imp. E. Jacquin.

UNE

FILLE D'ÈVE

SCÈNE DE LA VIE PRIVÉE.

SUIVIE DE

MASSIMILLA DONI.

PAR

H. DE BALZAC.

II

PARIS,
HIPPOLYTE SOUVERAIN, ÉDITEUR
de H. DE BALZAC, F. SOULIÉ, J. LECOMTE, A. BROT, etc.
RUE DES BEAUX-ARTS.

1839.

UNE FILLE D'ÉVE.

NOUVELLE SCÈNE DE LA VIE PRIVÉE.

SUITE

DU CHAPITRE VIII.

La belle comtesse Marie-Félix de Vandenesse était à huit heures et demie au quai Conti, après avoir passé rue du Mail chez Nathan. La voiture ne pouvait entrer dans la petite rue de Nevers, mais Schmuke habitait une maison située à l'angle du quai ; la comtesse n'eut donc pas à marcher dans la boue, elle sauta presque de son marche-pied à l'allée boueuse et ruinée de cette vieille maison noire, raccommodée comme la faïence d'un portier avec des attaches en fer, et surplombant de manière à inquiéter les passans. Le vieux maître de chapelle demeurait au quatrième étage et jouissait du bel aspect de la Seine, depuis le Pont-Neuf jusqu'à la colline de Chaillot. Ce bon être fut si surpris, quand le laquais lui annonça la visite de son ancienne écolière, que dans sa stupéfaction, il la laissa pénétrer chez lui.

Jamais la comtesse n'eût inventé ni soupçonné l'existence qui se révéla soudain à ses regards, quoiqu'elle connût depuis long-temps le profond dédain de Schmuke pour le costume et le peu d'intérêt qu'il portait aux choses de ce monde. Qui aurait pu croire au laissez-aller d'une pareille vie, à une si complète insouciance. Schmuke était un Diogène musicien, il n'avait point honte de son désordre, il l'eût nié tant il y était habitué.

L'usage incessant d'une bonne grosse pipe allemande avait répandu sur le plafond, sur le misérable papier de tenture, écorché à mille endroits par un chat, une teinte blonde qui donnait aux objets l'aspect des moissons dorées de Cérès.

Le chat avait une magnifique robe à longues soies ébouriffées à faire envie à une portière. Il était là comme la maîtresse du logis, grave dans sa barbe, sans inquiétude. Du haut d'un excellent piano de Vienne où il siégeait magistralement, il jeta sur la comtesse, quand elle entra, ce regard mielleux et froid par lequel toute femme étonnée de sa beauté l'aurait salué, il ne se dérangea point, il agita seulement les deux fils d'argent de ses moustaches droites et reporta sur Schmuke ses deux yeux d'or.

Le piano caduc et d'un bon bois peint en noir et or, mais sale, déteint, écaillé, montrait des touches usées comme les dents des vieux chevaux et jaunie par cette couleur fuligineuse tombée de la pipe. Sur la tablette, de petits tas de cendres disaient que, la veille, Schmuke avait chevauché sur le vieil instrument vers quelque sabat musical.

Le carreau, plein de boue séchée, de papiers déchirés, de cendres de pipe, de débris inexplicables, ressemblait au plancher des pensionnats, quand il n'a pas été balayé depuis huit jours, et d'où les domestiques chassent des monceaux de choses qui sont entre le fumier et les guenilles. Un œil plus exercé que celui de la comtesse y aurait trouvé des renseignemens sur la manière dont vivait Schmuke dans quelques épluchures de marrons, des pelures de pommes, des coquilles d'œufs rouges et des plats cassés par inadvertance et crottés de *sauer-craut*.

Ce *détritus* allemand formait un tapis de poudreux immondices qui craquait sous le pied, il se ralliait à un amas de cendres qui descendait majestueusement d'une cheminée en pierre peinte où trônait une bûche en charbon de terre devant laquelle deux tisons avaient l'air de se consumer.

Sur la cheminée, un trumeau et sa glace, où les figures dansaient la sarabande; d'un côté la glorieuse pipe accrochée, de l'autre un pot chinois où le professeur mettait son tabac. Deux fauteuils achetés de hasard, comme une couchette maigre et plate, comme la commode vermoulue et sans marbre, comme la table estropiée où se voyaient les restes d'un frugal déjeûner, composaient ce mobilier plus simple que celui d'un wigham de mohicans. Un miroir à barbe suspendu à l'espagnolette de la fenêtre sans rideaux et surmonté d'une loque zébrée par les nettoyages du rasoir indiquait les sacrifices que Schmuke faisait aux Grâces et au monde.

Le chat, être faible et protégé, était le mieux partagé, il jouissait d'un vieux coussin de bergère auprès duquel se voyait une tasse et un plat de porcelaine blanche.

Mais ce qu'aucun style ne peut décrire, c'est l'état où Schmuke, le chat et la pipe, trinité vivante, avaient mis ces meubles. La pipe avait brûlé la table çà et là. Le chat et la tête de Schmuke avait graissé le velours d'Utrecht vert des deux fauteuils, de manière à lui ôter sa rudesse. Sans la splendide queue de ce chat, qui faisait en partie le ménage, jamais les places libres sur la commode ou sur le piano n'auraient été nettoyées.

Dans un coin se tenaient les souliers, qui voudraient un dénombrement épique.

Les dessus de la commode et du piano étaient encombrés de livres de musique, à dos rongés, éventrés, à coins blanchis, émoussés, où le carton montrait ses mille feuilles. Le long des murs étaient collées avec des pains à cacheter les adresses des écolières. Le nombre de pains sans papiers indiquait les adresses défuntes. Sur le papier se lisaient des calculs faits à la craie.

La commode était ornée des cruchons de bière bus la veille, lesquels paraissaient neufs et brillans au milieu de ces vieilleries et des paperasses. L'hygiène y était représentée par un pot à eau couronné d'une serviette, et un morceau de savon vulgaire, blanc et pailleté de bleu qui humectait le bois de rose en plusieurs endroits.

Deux chapeaux également vieux étaient accrochées à un porte-manteau d'où pendait le même carrick bleu à trois collets que la comtesse avait toujours vu à Schmuke. Au bas de la fenêtre étaient trois pots de fleurs, des fleurs allemandes sans doute, et tout auprès une canne de houx.

Quoique la vue et l'odorat de la comtesse fussent désagréablement affectés, le sourire et le regard de Schmuke lui cachèrent ces misères sous de célestes rayons qui firent resplendir les teintes blondes, et vivifièrent ce chaos. L'ame de cet homme divin qui connaissait et révélait tant de choses divines scintillait comme un soleil. Son rire, si franc, si ingénu à l'aspect d'une de ses saintes Céciles, répandit les éclats de la jeunesse, de la gaîté, de l'innocence. Il versa les trésors les plus chers à l'homme, comme un manteau qui cacha sa pauvreté. Le parvenu le plus dédaigneux eût trouvé peut-être ignoble de songer au cadre où s'agitait ce magnifique apôtre de la religion musicale.

— *He bar kel hassart, izi, tchère montame a gondesse ?* dit-il. *Vaudile kè chè jande lei gandike té Zimion à mon ache.*

Cette idée raviva son accès de rire immodéré.

— *Souis-che en ponne fordine*, reprit-il encore d'un air fin.

Puis il se remit à rire comme un enfant.

— *Vis fennez pir la misik, hai non pir ein bau-*

fre ôme. Ché lei sais, dit-il d'un air mélancolique, *mais fennez pir tit ce ke vi fouderesse, vis savez qu'ici tit este à visse, corpe, hâme hai piens !*

Il prit la main de la comtesse, la baisa et y mit une larme. Le bon homme était tous les jours au lendemain du bienfait. Sa joie lui avait ôté pendant un instant le souvenir, pour le lui rendre dans toute sa force. Aussitôt il prit la craie, sauta sur le fauteuil qui était devant le piano, puis avec une rapidité de jeune homme, il écrivit au-dessus, sur le papier, en grosses lettres :

17 FÉVRIER 1835.

Ce mouvement si joli, si naïf, fut accompli avec une si furieuse reconnaissance que la comtesse en fut tout émue.

— Ma sœur viendra, lui dit-elle.

— *L'audre auzi! gand! gand! ke soid afant qu'il meire!* reprit-il.

— Elle viendra vous remercier d'un grand service que je viens vous demander de sa part, reprit-elle.

— *Fitte, fitte, fitte, fitte,* s'écria Schmuke, *ké vaudille faire? Vaudille hâler au tiaple?*

— Rien que mettre *accepté pour la somme de dix mille francs* sur chacun de ces papiers, dit-elle en tirant de son manchon quatre lettres de change préparées selon la formule par Nathan.

— *Hâ, ze zera piendotte faite,* répondit l'Allemand avec la douceur d'un agneau. *Seule-*

mente, che neu saite pas i se druffent messes blimes et mon hangrier. — Fattan te la, meinherr Mirr, cria-t-il au chat qui le regarda froidement. — *Sei mon chàs,* dit-il en le montrant à la comtesse. *C'est la bauffre hânimâle ki fit affècque li bauffre Schmuke ! Ille hai pô !*

— Oui, dit la comtesse.

— *Lé foullez-visse ?* dit-il.

— Y pensez-vous, reprit-elle. N'est-ce pas votre ami ?

Le chat, qui cachait l'encrier, devina que Schmuke le voulait et sauta sur le lit.

— *Il être mâline gomme ein zinche !* reprit-il en le montrant sur le lit. *Ché lé nôme Mirr, pir clorivier nodre crànt Hoffmann te Perlin, ke ché paugoube gonni.*

Le bonhomme signait avec l'innocence d'un enfant qui fait ce que sa mère lui ordonne de faire, sans y rien concevoir, mais sûr de bien faire. Il se préoccupait bien plus de la présentation du chat à la comtesse que des papiers par lesquels sa liberté pouvait être, suivant les lois relatives aux étrangers, à jamais aliénée.

— *Vis m'azurèze ke cesse bedis babières dimprés....*

— N'ayez pas la moindre inquiétude, dit la comtesse.

— *Ché né boind t'einkiétide*, reprit-il. *Che temande zi zes bedis babieres dimprés veront blésir à montame ti Dilet.*

— Oh! oui, dit-elle, vous lui rendez service comme si vous étiez son père.....

— *Ché souis ton pien hireux te lui êthre pon à keke chausse. Andantez te mon misik !* dit-il en laissant les papiers sur la table, et sautant à son piano.

Déjà les mains de cet ange trottaient sur les vieilles touches, déjà son regard atteignait aux cieux à travers les toits, déjà le plus délicieux de tous les chants fleurissait dans l'air et pénétrait l'ame ; mais la comtesse ne laissa ce naïf interprète des choses célestes faire parler le bois et les cordes comme fait la sainte Cécile de Raphaël pour les anges qui l'écoutent, que pendant le temps que mit l'écriture à sécher ; elle se leva, mit les lettres de change dans son manchon, et tira son radieux maître des espaces éthérés où il planait en le rappelant sur la terre.

— Mon bon Schmuke, dit-elle en lui frappant sur l'épaule.

— *Tèchà!* s'écria-t-il avec une affreuse soumission. *Bourkòi êtes-vis donc fennie?*

Il ne murmura point, il se dressa comme un chien fidèle pour écouter la comtesse.

— Mon bon Schmuke, reprit-elle, il s'agit d'une affaire de vie et de mort, les minutes économisent du sang et des larmes.

— *Tuchurs la mèmè*, dit-il, *halléze, anche! zécher les plirs tes audres! Zachèsse ké leu baufre Schmuke gomde fodre viside pir plis ke fos randes!*

— Nous nous reverrons, dit-elle, vous viendrez faire de la musique et dîner avec moi tous les dimanches, sous peine de nous brouiller. Je vous attends dimanche prochain.

— *Frai?*

placée, elle s'enveloppa d'un châle et d'un peignoir.

— Il s'agit d'une bonne action, madame, dit la comtesse, la promptitude est alors une grace; sans cela, je ne vous aurais pas dérangée d'aussi bonne heure.

— Comment, mais je suis trop heureuse, dit la femme du banquier en prenant les quatre papiers et la garantie de la comtesse.

Elle sonna sa femme de chambre.

— Thérèse, dites au caissier de me monter lui-même à l'instant quarante mille francs.

Puis elle serra dans un secret de sa table l'écrit de madame de Vandenesse, après l'avoir cacheté.

— Vous avez une délicieuse chambre, dit la comtesse.

— Monsieur de Nucingen va m'en priver, il fait bâtir une nouvelle maison.

— Vous donnerez sans doute celle-ci à mademoiselle votre fille. On parle de son mariage avec monsieur de Rastignac.

Le caissier parut au moment où madame de Nucingen allait répondre, elle prit les billets et remit les quatre lettres de change.

— Cela se balancera, lui dit-elle.

— *Sauve l'escomde*, dit le caissier. *Sti Schmuke, il èdre ein misicien te Ansbach*, ajouta-t-il en voyant la signature et faisant frémir la comtesse.

— Fais-je donc des affaires! dit madame de Nucingen en tançant le caissier par un regard hautain. Ceci me regarde.

Le caissier eut beau guigner alternativement la comtesse et la baronne, il trouva leurs visages immobiles.

— Allez, laissez-nous.

— Ayez la bonté de rester quelques momens afin de ne pas leur faire croire que vous êtes pour quelque chose dans cette négociation, dit la baronne à madame de Vandenesse.

— Je vous demanderai de joindre à tant de complaisances, reprit la comtesse, celle de me garder le secret.

— Pour une bonne action, cela va sans dire, répondit la baronne en souriant. Je vais faire envoyer votre voiture au bout du jardin, elle partira sans vous ; puis nous le traverserons ensemble, personne ne vous verra sortir d'ici : ce sera parfaitement inexplicable.

— Vous avez de la grâce comme une personne qui a souffert, reprit la comtesse.

— Je ne sais pas si j'ai de la grâce, mais j'ai beaucoup souffert, dit la baronne ; vous avez eu la vôtre à meilleur marché, je l'espère.

Une fois l'ordre donné, la baronne prit des pantoufles fourrées, une pelisse, et conduisit la comtesse à la petite porte de son jardin.

Quand un homme a ourdi un plan comme celui qu'avait tramé du Tillet contre Nathan, il ne le confie à personne. Nucingen en savait quelque chose, mais sa femme était entièrement en dehors de ces calculs machiavéliques. Seulement la baronne, qui savait Raoul gêné, n'était pas la dupe des deux sœurs, elle avait bien deviné les mains entre lesquelles irait cet argent, elle était enchantée d'obliger la comtesse, elle avait d'ailleurs une profonde compassion pour de tels embarras. Rastignac, posé pour pénétrer les manœuvres des deux banquiers, vint déjeuner avec madame de Nucingen. Delphine et Rastignac n'avaient point de secrets l'un pour l'autre, elle lui raconta sa scène avec la comtesse. Rastignac, incapable d'imaginer que la baronne pût jamais être mêlée à cette affaire, d'ailleurs accessoire à ses yeux, un moyen parmi tous ses moyens, la lui éclaira. Elle venait peut-être de détruire les espérances électorales de du Tillet, de rendre inutiles les tromperies et les sacrifices de toute une année. Il la mit au fait en lui recommandant le secret sur la faute qu'elle venait de commettre.

— Pourvu, dit-elle, que le caissier n'en parle pas à Nucingen.

Quelques instants avant midi, pendant le déjeûner de du Tillet, on lui annonça monsieur Gigonnet.

— Qu'il entre, dit le banquier, quoique sa femme fût à table. Eh bien, mon vieux Israélite, notre homme est-il coffré?

— Non.

— Comment? Ne vous avais-je pas dit rue du Mail, hôtel...

— Il a payé, fit Gigonnet en tirant de son porte-feuille quarante billets de banque.

Du Tillet eut une mine désespérée.

— Il ne faut jamais mal accueillir les écus, dit l'impassible compère de du Tillet, cela peut porter malheur.

— Où avez-vous pris cet argent, madame! dit le banquier en jetant sur sa femme un regard qui la fit rougir jusque dans la racine des cheveux.

— Je ne sais pas ce que signifie votre question, dit-elle.

— Je pénétrerai ce mystère, répondit-il en se levant furieux. Vous avez renversé mes projets les plus chers.

— Vous allez renverser votre déjeûner, dit Gigonnet qui arrêta la nappe prise par le pan de la robe de chambre de du Tillet.

Madame du Tillet se leva froidement pour sortir. Cette parole l'avait épouvantée. Elle sonna.

— Mes chevaux, dit-elle. Demandez Virginie, je vais m'habiller.

— Où allez-vous? fit du Tillet.

— Les maris bien élevés ne questionnent pas leurs femmes, répondit-elle, et vous avez la prétention de vous conduire en gentilhomme.

— Je ne vous reconnais plus depuis deux jours que vous avez vu deux fois votre impertinente sœur.

— Vous m'avez ordonné d'être impertinente, dit-elle, je m'essayerai sur vous.

— Votre serviteur, madame, dit Gigonnet peu curieux d'une scène de ménage.

Du Tillet regarda fixement sa femme, qui le regarda de même sans baisser les yeux.

— Qu'est-ce que cela signifie? dit-il.

— Que je ne suis plus une petite fille à qui

vous ferez peur, reprit-elle. Je suis et serai toute ma vie une loyale et bonne femme pour vous; vous pouvez être un maître si vous voulez, mais non pas un tyran.

Du Tillet sortit. Après cet effort, Marie-Eugénie rentra chez elle abattue.

— Sans le danger que court ma sœur, se dit-elle, je n'aurais jamais osé le braver ainsi ; mais, comme dit le proverbe, à quelque chose malheur est bon..

Pendant la nuit, madame du Tillet avait repassé dans sa mémoire les confidences de sa sœur. Sûre du salut de Raoul, sa raison n'était plus dominée par la pensée de ce danger imminent. Elle se rappela l'énergie terrible avec laquelle la comtesse avait parlé de s'enfuir avec Nathan pour le consoler de son désastre si elle ne l'empêchait pas. Elle comprit que cet homme pourrait déterminer sa sœur, par un excès de reconnaissance et d'amour, à faire ce que la sage Eugénie regardait comme une folie. Il y avait de récens exemples dans la haute classe de ces fuites qui paient d'incertains plaisirs par des remords, par la déconsidération que donnent les fausses positions, et Eugénie se rappelait leurs affreux résultats. Le mot de du Tillet venait de mettre sa terreur au comble; elle craignit que tout ne se découvrît; elle vit la signature de la comtesse de Vandenesse dans le porte-feuille de la maison Nucingen; elle voulait supplier sa sœur de tout avouer à Félix. Madame du Tillet ne trouva point la comtesse. Félix était chez lui.

Une voix intérieure cria à Eugénie de sauver sa sœur. Peut-être demain serait-il trop tard. Elle prit beaucoup sur elle, mais elle se résolut à tout dire au comte. Ne serait-il pas indulgent en trouvant encore son honneur sauf? La comtesse était plus égarée que pervertie. Eugénie eut peur d'être lâche et traîtresse en divulguant ces secrets que garde la société toute entière, d'accord en ceci ; mais enfin elle vit l'avenir de sa sœur, elle trembla de la trouver un jour seule, ruinée par Nathan, chargée d'enfans adultérins, pauvre, souffrante, malheureuse, au désespoir, elle n'hésita plus, et fit prier le comte de la recevoir.

Félix, étonné de cette visite, eut avec sa belle-sœur une longue conversation, durant laquelle il se montra si calme et si maître de lui qu'elle trembla de lui voir prendre quelque terrible résolution.

— Soyez tranquille, lui dit Vandenesse, je

me conduirai de manière à ce que vous soyez bénie un jour par la comtesse. Quelle que soit votre répugnance à garder le silence vis-à-vis d'elle après m'avoir instruit, faites-moi crédit de quelques jours. Quelques jours me sont nécessaires pour pénétrer des mystères que vous n'apercevez pas, et surtout agir avec prudence. Peut-être saurai-je tout en un moment! Il n'y a que moi de coupable, ma sœur. Tous les amans jouent leur jeu; mais toutes les femmes n'ont pas le bonheur de voir la vie comme elle est.

Madame du Tillet sortit rassurée.

CHAPITRE IX.

LE TRIOMPHE DU MARI.

Félix de Vandenesse alla prendre aussitôt quarante mille francs à la Banque de France et courut chez madame de Nucingen : il la trouva, la remercia de la confiance qu'elle avait eue en sa femme et lui rendit l'argent. Le comte expliqua ce mystérieux emprunt par les folies d'une bienfaisance à laquelle il avait voulu mettre des bornes.

— Ne me donnez aucune explication, monsieur le comte, puisque madame de Vandenesse vous a tout dit, dit la baronne de Nucingen.

— Elle sait tout, pensa Vandenesse.

La baronne remit la lettre de garantie et envoya chercher les quatre lettres de change. Vandenesse, pendant ce moment, jeta sur la baronne le coup-d'œil fin des hommes d'état, il l'inquiéta presque, et jugea l'heure propice à une négociation.

— Nous vivons à une époque, madame, où rien n'est sûr, lui dit-il. Les trônes s'élèvent et disparaissent en France avec une effrayante rapidité. Quinze ans font justice d'un grand empire, d'une monarchie et d'une révolution. Personne n'oserait prendre sur lui de répondre de l'avenir. Vous connaissez mon attachement à la légitimité. Ces paroles n'ont rien d'extraordinaire dans ma bouche. Supposez une catastrophe : ne seriez-vous pas heureuse d'avoir un ami dans le parti qui triompherait?

— Certes, dit-elle en souriant.

— Hé bien! voulez-vous avoir en moi, secrètement, un obligé qui pourrait maintenir à monsieur de Nucingen, le cas échéant, la pairie à laquelle il aspire?

— Que voulez-vous de moi, s'écrie-t-elle.

— Peu de chose, reprit-il. Tout ce que vous savez sur Nathan.

La baronne lui répéta sa conversation du matin avec Rastignac, et dit à l'ex-pair de

France, en lui remettant les quatre lettres de change qu'elle alla prendre au caissier :

— N'oubliez pas votre promesse.

Vandenesse l'oubliait si peu qu'il s'en servit auprès du baron de Rastignac pour obtenir quelques autres renseignemens. En sortant de chez le baron, il fit écrire à Florine par un écrivain public la lettre suivante :

Si mademoiselle Florine veut savoir quel est le premier rôle qu'elle jouera, elle est priée de venir au prochain bal de l'Opéra, en s'y faisant accompagner de M. Nathan.

Puis il alla chez son homme d'affaires, garçon très habile et délié quoique honnête ; il le pria de jouer le rôle d'un ami auquel Schmuke aurait confié la visite de madame de Vandenesse en s'inquiétant un peu tard de la signification de ces mots : *accepté pour dix mille francs*, répétés quatre fois, lequel viendrait demander à monsieur Nathan une lettre de change de quarante mille francs comme contre-valeur. C'était jouer gros jeu. Nathan pouvait avoir su déjà comment s'étaient arrangées les choses, mais il fallait hasarder un peu pour gagner beaucoup. Dans son trouble, la comtesse pouvait bien avoir oublié de demander à son amant un titre pour Schmuke.

L'homme d'affaires alla sur-le-champ au journal et revint triomphant à cinq heures chez le comte, avec une contre-valeur de quarante mille francs. Dès les premiers mots échangés avec Nathan, il avait pu se dire envoyé par la comtesse.

Cette réussite obligeait Félix à empêcher sa

femme de voir Raoul jusqu'au lendemain, à l'heure du bal de l'Opéra où il comptait la mener et l'y laisser s'éclairer elle-même sur la nature des relations de Nathan avec Florine. Il connaissait la jalouse fierté de la comtesse, il voulait la faire renoncer d'elle-même à son amour, ne pas lui donner lieu de rougir à ses yeux et lui montrer à temps ses lettres à Nathan vendues par Florine à laquelle il comptait les racheter.

Ce plan si sage, conçu si rapidement, exécuté en partie, devait manquer par un jeu du hasard qui modifie tout ici-bas. Après le dîner, Félix mit la conversation sur le bal de l'Opéra, en remarquant que Marie n'y était jamais allée; il lui en proposa le divertissement pour le lendemain.

— Je vous donnerai quelqu'un à intriguer, dit-il.

— Ah! vous me ferez bien plaisir.

— Pour que la plaisanterie soit excellente, une femme doit s'attaquer à une belle proie, à une célébrité, à un homme d'esprit, le faire donner au diable. Veux-tu que je te livre Nathan? J'aurai par quelqu'un qui connaît Florine des secrets à le rendre fou.

— Florine, dit la comtesse, l'actrice?

Elle avait déjà trouvé ce nom sur les lèvres de Quillet, le garçon de bureau du journal. Il lui passa comme un éclair dans l'ame.

— Eh bien, oui, sa maîtresse! répondit le comte. Est-ce donc étonnant?

— Je croyais monsieur Nathan trop occupé pour avoir une maîtresse. Les auteurs ont-ils le temps d'aimer?

— Je ne dis pas qu'ils aiment, ma chère, mais ils sont forcés de *loger* quelque part comme tous les autres hommes, et quand ils n'ont pas de chez eux, quand ils sont poursuivis par les gardes du commerce, ils *logent* chez leurs maîtresses, ce qui peut vous paraître leste, mais qui est infiniment plus agréable que de *loger* en prison.

Le feu était moins rouge que les joues de la comtesse.

— Voulez-vous de lui pour victime? vous l'épouvanterez, dit le comte en continuant. Je vous mettrai à même de lui prouver qu'il est joué comme un enfant par votre beau-frère du Tillet. Ce misérable veut le faire mettre en prison afin de le rendre incapable de se porter son concurrent dans le collége électoral où Nucingen a été nommé. Je sais par un ami de

Florine la somme produite par la vente de son mobilier et qu'elle lui a donnée pour fonder son journal, je sais ce qu'elle lui a envoyé sur la récolte qu'elle a été faire cette année dans les départemens et en Belgique, argent dont profiteront en définitive du Tillet, Nucingen et Massol, qui, par avance, ont vendu le journal au ministère, tant ils sont sûrs d'évincer ce grand homme.

— Monsieur Nathan est incapable d'avoir accepté l'argent d'une actrice.

— Vous ne connaissez guère ces gens-là, ma chère, dit le comte. Il ne vous niera pas le fait.

— J'irai certes au bal, dit la comtesse.

— Vous vous amuserez! reprit Vandenesse.

Avec de pareilles armes, vous fouetterez rudement son amour-propre et vous lui rendrez service. Vous le verrez se mettre en fureur, se calmer, bondir sous vos piquantes épigrammes! Tout en plaisantant, vous l'éclairerez, et vous aurez la joie de faire battre les chevaux du juste-milieu dans leur écurie! Tu ne m'écoutes plus, ma chère enfant.

— Au contraire, je vous écoute trop, répondit-elle. Je vous dirai plus tard pourquoi je tiens à être sûre de ce que vous me racontez.

— Sûre, reprit Vandenesse. Reste masquée, je te fais souper avec Nathan et Florine. Il sera bien amusant pour une femme de ton rang d'intriguer une actrice après avoir fait caracoler l'esprit d'un homme célèbre. Tu les attelleras l'un et l'autre à la même mystification. Je vais me mettre à la piste des infidélités de Nathan.

Si je puis saisir les détails de quelque aventure récente, tu jouiras d'une colère de courtisane. Ces sortes de querelles sont magnifiques. Celle que fera Florine bouillonnera comme un torrent des Alpes; elle adore Nathan, il est tout pour elle, elle y tient comme la chair aux os, comme la lionne à ses petits! Je me souviens d'avoir vu dans ma jeunesse une célèbre actrice qui écrivait comme une cuisinière venant redemander ses lettres à un de mes amis; je n'ai jamais depuis retrouvé ce spectacle, cette fureur tranquille, cette impertinente majesté, cette attitude de sauvage... Souffres-tu, Marie.

— Non, l'on a fait trop de feu.

Elle alla se jeter sur une causeuse. Tout-à-coup, par un de ces mouvemens impossible à prévoir et qui fut suggéré par les dévorantes douleurs de la jalousie, la comtesse se dressa sur ses jambes tremblantes, croisa ses bras et vint lentement devant son mari.

— Que sais-tu? lui demanda-t-elle, tu n'es pas homme à me torturer, tu m'écraserais sans me faire souffrir, dans le cas où je serais coupable.

— Que veux-tu que je sache, Marie?

— Eh bien ! Nathan!

— Tu crois l'aimer, tu aimes un fantôme construit avec phrases.

— Tu sais donc?

— Tout, dit-il.

Ce mot tomba sur la tête de Marie comme une massue.

— Si tu le veux, je ne saurai jamais rien, reprit-il. Tu es dans un abîme, mon enfant, il faut t'en retirer. J'y ai déjà songé. Tiens.

Il tira de sa poche de côté cette garantie et les quatre lettres de change de Schmuke que la comtesse reconnut, et il les jeta dans le feu.

— Que serais-tu devenue, pauvre Marie, dans trois mois d'ici? tu te serais vue traînée par les huissiers devant les tribunaux! Ne baisse pas la tête, ne t'humilie point; tu as été dupe des sentimens les plus beaux, tu as coqueté avec la poésie et non avec un homme. Toutes les femmes, toutes, entends-tu, Marie, eussent été séduites à ta place. Ne serions-nous pas absurdes, nous autres hommes qui avons fait mille sottises en vingt ans, de vouloir que vous ne soyez pas imprudentes une seule fois dans toute votre vie ? Dieu me garde de triompher de toi ou de t'accabler d'une pitié que tu repoussais si vivement l'autre jour. Peut-être ce malheureux était-il sincère quand il t'écrivait, sincère en se tuant, sincère en revenant le soir même *loger* chez Florine. Nous valons moins que vous. Je ne parle pas pour moi dans ce moment, mais pour toi. Je suis indulgent, la société ne l'est point. Elle fuit la femme qui fait un éclat, elle ne veut pas qu'on cumule un bonheur complet et la considération. Est-ce juste ? je ne saurais le dire. Le monde est cruel, voilà tout. Peut-être est-il plus envieux en masse qu'il ne l'est pris en détail. Assis au parterre, un voleur applaudit l'innocence, et lui prendra ses bijoux en sortant. La société refuse de calmer les maux qu'elle fait, elle décerne des honneurs aux habiles tromperies, et n'a point de récompenses pour les dévoûmens ignorés. Je sais et vois tout cela; mais si je ne puis réformer le monde, au moins est-il en mon pouvoir de te protéger contre toi-même. Il s'agit ici d'un homme qui ne t'apporte que des misères, et non d'un de ces amours saints et sacrés qui commandent parfois notre abnégation, qui portent avec eux des excuses. Peut-être ai-je eu le tort de ne pas diversifier ton bonheur, d'opposer à de tranquilles plaisirs des plaisirs bouillans, des voyages, des distractions. Je puis d'ailleurs m'expliquer le désir qui t'a poussée vers un homme célèbre par l'envie que tu as causée à certaines femmes. Lady Dudley, madame d'Espard, madame de Manerville, sont pour quelque chose en tout ceci. Ces femmes, contre lesquelles je t'avais mise en garde, auront cultivé ta curiosité plus pour me faire chagrin que pour te jeter dans des orages qui, je l'espère, auront grondé sur toi sans t'atteindre.

En écoutant ces paroles empreintes d'une divine bonté, la comtesse fut en proie à mille sentimens contraires, mais cet ouragan fut dominé par une vive admiration pour Félix. Les ames nobles et fières reconnaissent promptement la délicatesse avec laquelle on les manie. Ce tact est aux sentimens ce que la grace est au corps. Marie apprécia cette humble grandeur empressée de s'abaisser aux pieds d'une femme en faute pour ne pas la voir rougissant. Elle s'enfuit comme une folle et revint ramenée par l'idée de l'inquiétude que son mouvement pouvait causer à son mari.

— Attendez, lui dit-elle en disparaissant.

Félix lui avait habilement préparé son excuse, il fut aussitôt récompensé de son adresse. Elle revint, toutes les lettres de Nathan à la main, et les lui apporta.

— Jugez-moi, dit-elle en se mettant à genoux et les lui tendant.

— Est-on en état de bien juger quand on aime ? répondit-il.

Il prit les lettres et les jeta dans le feu, car plus tard sa femme pouvait ne pas lui pardonner de les avoir lues. Marie, la tête sur les genoux du comte, y fondait en larmes.

— Mon enfant, où sont les tiennes ? dit-il en lui relevant la tête.

A cette interrogation, la comtesse ne sentit plus l'intolérable chaleur qu'elle avait aux joues, elle eut froid.

— Pour que tu ne soupçonnes pas ton mari de calomnier l'homme que tu as cru digne de toi, je te ferai rendre tes lettres par Florine elle-même.

— Oh! pourquoi ne les rendrait-il pas sur ma demande?

— Et s'il les refusait?

La comtesse baissa la tête.

— Le monde me dégoûte, reprit-elle, je n'y veux plus aller, je vivrai seule près de toi si tu me pardonnes.

— Tu pourrais t'ennuyer encore. D'ailleurs, que dirait le monde si tu le quittais brusquement? Au printemps nous voyagerons, nous irons en Italie, nous parcourrons l'Europe en attendant que tu aies plus d'un enfant à élever. Nous ne sommes pas dispensés d'aller au bal de l'Opéra demain. Nous ne pouvons pas avoir tes lettres autrement, sans nous compromettre. En te les apportant, Florine n'accusera-t-elle pas bien son pouvoir?

— Et je verrai cela? dit la comtesse épouvantée.

— Après demain matin.

Le lendemain, vers minuit, au bal de l'Opéra, Nathan se promenait dans le foyer en donnant le bras à un masque d'un air assez marital. Après deux ou trois tours, deux femmes masquées les abordèrent.

— Pauvre sot, tu te perds, Marie est ici et te voit, dit à Nathan Vandenesse qui s'était déguisé en femme.

— Si tu veux m'écouter, tu sauras des secrets que Nathan t'a cachés, et qui t'apprendront les dangers que court ton amour pour lui, dit en tremblant la comtesse à Florine.

Nathan avait brusquement quitté le bras de Florine pour suivre le comte, qui s'était ensuite dérobé à ses regards.

Florine alla s'asseoir à côté de la comtesse, qui l'entraîna sur une banquette à côté de son mari.

— Explique-toi, ma chère, dit Florine, et ne crois pas me faire travailler long-temps. Personne au monde ne m'arrachera Raoul, vois-tu. Je le tiens par l'habitude, qui vaut bien l'amour.

— D'abord es-tu Florine? dit Félix en reprenant sa voix naturelle.

— Belle question! si tu ne le sais pas, comment veux-tu que je te croie, farceur?

— Va demander à Nathan, qui maintenant cherche la maîtresse dont je parle, où il a passé la nuit il y a trois jours! Il s'est asphyxié, ma petite, à ton insu, faute d'argent. Voilà comment tu es au fait des affaires d'un homme que tu dis aimer, et tu le laisses sans le sou, et il se tue, ou plutôt il ne se tue pas, il se manque. Un suicide manqué, c'est aussi ridicule qu'un duel sans égratignure.

— Tu mens, dit Florine. Il a dîné chez moi ce jour-là, mais, après le soleil couché. Le pauvre garçon était poursuivi, il s'est caché, voilà tout.

—Va donc demander, rue du Mail, à l'hôtel du Mail, s'il n'a pas été amené mourant par une belle femme avec laquelle il est en relation depuis un an, et dont il cache les lettres chez toi, à ton nez. Si tu veux lui donner quelques bonnes leçons, nous irons tous trois chez toi, là je te prouverai, pièces en main, que tu peux l'empêcher d'aller à la campagne, rue de Clichy, sous peu de temps, si tu veux être bonne fille.

— Essaie d'en faire aller d'autres que Florine, mon petit. Je suis sûre que Nathan ne peut être amoureux de personne.

— Tu voudrais me faire croire qu'il a redoublé pour toi d'attentions depuis quelque temps, mais c'est précisément ce qui prouve qu'il en est très amoureux.

— D'une femme du monde, lui ! dit Florine. Je ne m'inquiète pas pour si peu de chose.

— Hé bien, veux-tu le voir venir te dire qu'il ne te ramènera pas ce matin chez toi ?

— Si tu me fais dire cela, reprit Florine, je te mènerai chez moi, et nous y chercherons ces lettres auxquelles je croirai quand je les verrai.

— Reste là, dit Félix, et regarde.

Il prit le bras de sa femme et se mit à deux pas de Florine. Bientôt Nathan, qui allait et venait dans le foyer, cherchant de tous côtés son masque comme un chien cherche son maître, revint à l'endroit où il avait reçu la confidence. Florine vint à lui en lisant sur son front une préoccupation facile à remarquer et lui dit impérieusement :

— Je ne veux pas que tu me quittes, j'ai des raisons pour cela.

— Marie, dit la comtesse à l'oreille de Raoul en se nommant elle-même. Quelle est cette femme? Laissez-la sur-le-champ, sortez et allez m'attendre au bas de l'escalier.

Dans cette horrible extrémité, Raoul donna une violente secousse au bras de Florine, qui ne s'attendait pas à cette manœuvre, et quoiqu'elle le tint avec force, elle fut contrainte à le lâcher. Nathan se perdit aussitôt dans la foule.

— Que te disais-je? lui cria dans l'oreille Félix, qui lui donna le bras.

— Allons, dit-elle, qui que tu sois, viens. As-tu ta voiture?

Pour toute réponse, Vandenesse emmena précipitamment Florine d'un côté, sa femme de l'autre. En quelques instans, les trois masques menés vivement par le cocher de Vandenesse, arrivèrent chez l'actrice qui se démasqua. Florine étouffait de rage. Madame de Vandenesse ne put retenir un tressaillement de surprise. Florine était superbe de colère et de jalousie.

— Il y a, lui dit Vandenesse, un certain portefeuille dont tu n'as pas la clé, les lettres doivent y être.

— Pour le coup, je suis intriguée, dit Florine, tu sais quelque chose qui m'inquiétait depuis plusieurs jours.

Vandenesse vit sa femme pâlir sous son masque. La chambre de Florine en disait plus sur l'intimité de l'actrice et de Nathan qu'une maîtresse idéale n'en aurait voulu savoir. L'œil d'une femme sait tout voir en un moment, et la comtesse aperçut dans la promiscuité des choses de la vie une attestation de ce que lui avait dit Vandenesse. Florine revint avec le portefeuille.

— Comment l'ouvrir? dit-elle.

Elle envoya chercher le grand couteau de sa cuisinière, et quand la femme de chambre le rapporta, Florine le brandit en disant d'un air railleur : — C'est avec ça qu'on égorge les *poulets!*

Ce mot fit tressaillir la comtesse : il lui expliquait la profondeur de l'abîme où elle allait glisser, encore mieux que ne l'avait fait son mari la veille.

— Suis-je sotte, dit Florine, son rasoir vaut mieux.

Elle alla prendre le rasoir avec lequel Nathan venait se faire la barbe et fendit les plis du maroquin, qui s'ouvrit et laissa passer les lettres de Marie. Florine en prit une au hasard.

— Oui, c'est bien une femme comme il faut! Ça m'a l'air de ne pas avoir une faute d'orthographe!

Vandenesse prit les lettres et les donna à sa femme, qui alla vérifier sur une table si toutes y étaient.

— Veux-tu céder tout en échange de ceci? dit Vandenesse en tendant à Florine la lettre de change de quarante mille francs.

— Est-il bête de souscrire de pareils titres! bon pour des billets, dit Florine en lisant la lettre de change. Ah! je t'en donnerai, des comtesses! Et moi qui me tuais le corps et l'ame en province pour lui ramasser de l'argent, moi qui me serais donné l'ennui d'un agent de change pour le sauver! Voilà les hommes! Quand on fait tout pour eux, ils vous marchent dessus! il me le paiera!

Madame de Vandenesse s'était enfuie avec les lettres.

— Hé, dis donc, beau masque? laisse-m'en une seule pour le convaincre.

— Cela n'est plus possible, dit Vandenesse.

— Et pourquoi?

— Ce masque est la comtesse elle-même.

— Tiens, mais elle aurait bien pu me dire merci, s'écria Florine.

— Pourquoi prends-tu donc les quarante mille francs? dit Vandenesse en la saluant.

Il est extrêmement rare que les jeunes gens, poussés à un suicide, le recommencent quand ils en ont subi les douleurs. Lorsque le suicide ne guérit pas de la vie, il guérit de la mort. Aussi, Raoul n'eut-il plus envie de se tuer, quand il se vit dans une position encore plus horrible que celle d'où il voulait sortir, en trouvant sa lettre de change à Schmuke dans les mains de Florine qui la tenait du comte de Vandenesse. Il tenta de revoir la comtesse pour lui expliquer la nature de son amour qui brillait dans son cœur plus vivement que jamais. Mais la première fois que, dans le monde, la comtesse vit Raoul, elle lui jeta ce regard fixe et méprisant qui met un abîme infranchissable entre une femme et un homme. Malgré son assurance, Nathan n'osa jamais, durant le reste de l'hiver, ni parler à la comtesse, ni l'aborder.

Cependant il s'ouvrit à Blondet, il voulut, à propos de madame de Vandenesse, lui parler de Laure et de Béatrix. Il fit la paraphrase de ce beau passage dû à la plume d'un des remarquables poètes de ce temps.

« Idéal, fleur bleue à cœur d'or, dont les ra-
» cines fibreuses mille fois plus déliées que les
» tresses de soie des fées, plongent au fond de
» notre ame pour en boire la plus pure subs-
» tance ; fleur douce et amère ! on ne peut
» t'arracher sans faire saigner le cœur, sans
» que de ta tige brisée suintent des gouttes
» rouges ! Ah ! fleur maudite, comme elle a
» poussé dans mon ame ! »

— Tu radotes, mon cher, lui dit Blondet, je t'accorde qu'il y avait une jolie fleur, mais elle n'était point idéale, et au lieu de chanter comme un aveugle devant une niche vide, tu devrais songer à te laver les mains pour faire ta soumission au pouvoir et te ranger. Tu es un trop grand artiste pour être un homme politique, tu as été joué par des gens qui ne te valaient pas. Pense à te faire jouer encore, mais ailleurs.

— Elle ne saurait m'empêcher de l'aimer, dit Nathan. J'en ferai ma Béatrix.

— Mon cher, Béatrix était une petite fille de douze ans que Dante n'a plus revue, sans cela aurait-elle été Béatrix? Pour se faire d'une femme une divinité, nous ne devons pas la voir avec un mantelet aujourd'hui, demain avec une robe décolletée, après demain sur le boulevart, marchandant des joujous pour son petit dernier. Quand on a Florine, qui tour-à-tour est duchesse de vaudeville, bourgeoise de drame, négresse, marquise, colonel, paysanne en Suisse, vierge du Soleil au Pérou, sa seule manière d'être vierge, je ne sais pas comment on s'aventure avec les femmes du monde.

Du Tillet exécuta Nathan, qui, faute d'argent, abandonna sa part dans le journal. L'homme célèbre n'eut pas plus de cinq voix dans le collège où le banquier fut élu.

Quand après un long et heureux voyage en Italie, la comtesse de Vandenesse revint à Paris, l'hiver suivant, Nathan avait justifié toutes prévisions de Félix et suivi les conseils de Blondet : il parlementait avec le pouvoir. Quant à ses affaires, elles étaient dans un tel désordre qu'un jour, aux Champs-Elysées, la comtesse Marie le vit à pied, dans le plus triste équipage, donnant le bras à Florine. Un homme indifférent est déjà passablement laid aux yeux d'une femme, mais quand elle ne l'aime plus, il pa-

raît horrible, surtout quand il ressemble à
Nathan. Madame de Vandenesse eut un mouvement de honte en songeant qu'elle s'était in-
téressée à Raoul. Si elle n'eût pas été guérie de
toute passion extra-conjugale, le contraste que
présentait alors le comte, comparé à l'homme
célèbre, eût suffi pour lui faire préférer son
mari à un ange.

Aujourd'hui, cet ambitieux, si riche en en-
cre et si pauvre en vouloir, a fini par capituler
et par se caser dans une sinécure comme un
homme médiocre. Après avoir appuyé toutes
les tentatives désorganisatrices, il vit en paix
à l'ombre d'une feuille ministérielle. La croix
de la Légion-d'Honneur, texte fécond de ses
plaisanteries, orne sa boutonnière. *La paix à
tout prix*, sur laquelle il avait fait vivre la ré-

daction d'un journal révolutionnaire, est l'objet de ses articles laudatifs. L'hérédité, tant attaquée par ses phrases saint-simoniennes, il la défend aujourd'hui avec l'autorité de la raison. Cette conduite illogique a son origine et son autorité dans le changement de front de quelques gens qui, durant nos dernières évolutions politiques, ont agi comme Raoul.

Aux Jardies, décembre 1838.

MASSIMILLA DONI.

Dédicace.

A MONSIEUR JACQUES STRUNZ.

Mon cher Strunz, il y aurait de l'ingratitude à ne pas attacher votre nom à l'une des deux œuvres que je n'aurais pu faire sans votre patiente complaisance et vos bons soins. Trouvez donc ici un témoignage de ma reconnaissante amitié, pour le courage avec lequel vous avez essayé, peut-être sans succès, de m'initier aux profondeurs de la science musicale. Vous m'aurez néanmoins appris tout ce que le génie cache de difficultés et de travaux dans les œuvres qui sont pour nous la source de plaisirs divins. Vous m'avez aussi procuré plus d'une fois le petit divertissement de rire aux dépens de plus d'un prétendu connaisseur. Aucuns me taxent d'ignorance, ne soupçonnant ni les conseils que je dois à l'un des meilleurs auteurs de feuil-

letons sur les œuvres musicales, ni votre consciencieuse assistance. Peut-être ai-je été le plus infidèle des secrétaires? S'il en était ainsi, je ferais certainement un traître traducteur sans le savoir; et je veux néanmoins pouvoir toujours me dire un de vos amis.

DE BALZAC.

Paris, mai 1839.

CHAPITRE I.

Comme le savent les connaisseurs, la noblesse vénitienne est la première de l'Europe. Son *Livre d'or* a précédé les Croisades, temps où Venise, débris de la Rome impériale et chrétienne qui se plongea dans les eaux pour échapper aux Barbares, déjà puissante, illustre déjà, dominait le monde politique et commercial. A quelques exceptions près, aujourd'hui cette noblesse est entièrement ruinée. Parmi les gondoliers qui conduisent les Anglais à qui l'Histoire montre là leur avenir, il se trouve des fils d'anciens doges dont la race est plus ancienne que celle des souverains. Sur un pont par où passera votre gondole, si vous allez à Venise, vous verrez une sublime jeune fille mal vêtue, pauvre enfant qui appartiendra peut-être à l'une des plus illustres races patriciennes. Quand un peuple de rois en est là, nécessairement il s'y rencontre des caractères bizarres. Il n'y a rien d'extraordinaire à ce qu'il jaillisse des étincelles parmi les cendres. Destinées à justifier l'étrangeté des personnages en action dans cette histoire, ces réflexions n'iront pas plus loin, car il n'est rien de plus insupportable que les redites de ceux qui parlent de Venise après tant de grands poètes et tant de petits voyageurs. L'intérêt du récit exigeait seulement de constater l'opposition la plus vive de l'existence humaine : cette grandeur et cette misère qui se voient là chez certains hommes comme dans la plupart des habitations.

Les nobles de Venise et ceux de Gênes, comme autrefois ceux de Pologne, ne prenaient point de titres. S'appeler Quirini, Doria, Brignole, Morosini, Sauli, Mocenigo, Fieschi (Fiesque), Cornaro, Spinola suffisait à l'orgueil le plus haut. Tout se corrompt, quelques familles sont titrées aujourd'hui. Cependant, dans le temps où les nobles des républiques aristocratiques étaient égaux, il existait à Gênes un titre de prince pour la famille Doria qui possédait Amalfi en toute souveraineté, et un titre semblable à Venise, légitimé par une ancienne possession des Facino Cane, prince de Varèse. Les Grimaldi, qui devinrent souverains, s'emparèrent de

Monaco beaucoup plus tard. Le dernier des Cane de la branche aînée, disparut de Venise trente ans avant la chute de la république, condamné pour des crimes plus ou moins criminels.

Ceux à qui revenait cette principauté nominale, les Cane Memmi, tombèrent dans l'indigence pendant la fatale période de 1796 à 1814. Dans la vingtième année de ce siècle, ils n'étaient plus représentés que par un jeune homme ayant nom Emilio, et par un palais qui passe pour un des plus beaux ornemens du Canal Grande. Cet enfant de la belle Venise avait pour toute fortune cet inutile palais et quinze cents livres de rente provenant d'une maison de campagne située sur la Brenta, le dernier bien de ceux que sa famille possédait en Terre-Ferme, et vendue au gouvernement autrichien. Cette rente viagère lui sauvait la honte de recevoir, comme beaucoup de nobles, l'indemnité de vingt sous par jour, due à tous les patriciens indigens, stipulée dans le traité de cession à l'Autriche.

Au commencement de la saison d'hiver, ce jeune seigneur était encore dans une campagne située aux pieds des Alpes tyroliennes, et achetée au printemps dernier par la duchesse Cataneo. La maison bâtie par Palladio pour les Tiepolo consiste en un pavillon carré du style le plus pur : un escalier grandiose, des portiques en marbre sur chaque face, des péristyles à voûtes couvertes de fresques et rendues légères par l'outremer du ciel où volent de délicieuses figures, des ornemens gras d'exécution, mais si bien proportionnés que l'édifice les porte comme une femme porte sa coiffure, avec une facilité qui réjouit l'œil ; enfin cette gracieuse noblesse qui distingue à Venise les procuraties de la Piazzetta. Des stucs admirablement dessinés entretiennent dans les appartemens un froid qui rend l'atmosphère aimable, les galeries extérieures peintes à fresque forment abat-jour, et partout règne ce frais pavé vénitien où les marbres découpés se changent en d'inaltérables fleurs. L'ameublement, comme celui des palais italiens, offrait les plus belles soieries richement employées, et de précieux tableaux bien placés : quelques-uns du prêtre génois, dit *il Capucino*, plusieurs de Léonard de Vinci, de Carlo Dolci, de Tintoretto et de Titien. Les jardins étagés présentent ces merveilles où l'or a été métamorphosé en grottes de rocailles, en cailloutages, qui sont comme la folie du travail, en terrasses bâties par les fées, en bosquets sévères de ton où les cyprès hauts sur patte, les pins triangulaires, le triste olivier sont déjà habilement mélangés aux orangers, aux lauriers, aux myrthes ; en bassins clairs où nagent des poissons d'azur et d'or. Quoique l'on puisse dire à l'avantage des jardins anglais, ces arbres en parasols, ces ifs taillés, ce luxe des productions de l'art marié si finement à celui d'une nature habillée ; ces cascades à gradins de marbre où l'eau se glisse timidement et semble comme une écharpe enlevée par le vent et toujours renouvelée ; ces personnages en plomb doré qui meublent discrètement de silencieux asiles ; enfin ce palais hardi qui fait point de vue de toutes parts en élevant sa dentelle aux pieds des Alpes ; ces vives pensées qui animent la pierre, le bronze et les végétaux, ou se dessinent en parterres, cette poétique prodigalité seyait à l'amour d'une duchesse et d'un joli jeune homme qui certes est une œuvre de poésie fort éloignée des fins de la brutale nature. Quiconque comprend la fantaisie, aurait voulu voir sur l'un de ces beaux escaliers, à côté d'un vase à bas-reliefs circulaires, quelque négrillon habillé à mi-corps d'un tonnelet en étoffe rouge, tenant d'une main un parasol au-dessus de la tête de la duchesse, et de l'autre la queue de sa longue robe pendant qu'elle écoutait une parole d'Emilio Memmi. Et que n'aurait pas gagné le Vénitien, à être vêtu comme un de ces sénateurs peints par Titien? Hélas! dans ce palais de fée, assez semblable à celui des *Peschiere* de Gênes, la Cataneo obéissait aux firmans de Victorine et des modistes françaises, elle portait une robe de mousseline et un chapeau de paille de riz, de jolis souliers gorge de pigeon, des bas de fil que le plus léger zéphyr eût emportés; elle avait sur les épaules un schall de dentelle noire; mais ce qui ne se comprendra jamais à Paris où les femmes sont serrées dans leurs robes comme des demoiselles dans leurs fourreaux annelés, c'est le délicieux laissez-aller avec lequel cette belle fille de la Toscane portait le vêtement français : elle l'avait italianisé. La Française met un incroyable sérieux à sa jupe, tandis qu'une Italienne s'en occupe peu, ne la défend par aucun regard gourmé, car elle se sait sous la protection d'un seul amour, passion sainte et sérieuse pour elle, comme pour autrui.

Étendue sur un sopha, vers onze heures du matin, au retour d'une promenade et devant une table où se voyaient les restes d'un élégant déjeûner, la duchesse Cataneo laissait son amant maître de cette mousseline sans lui dire : *chut!* au moindre geste. Sur une bergère à ses côtés, Emilio tenait sa main entre les siennes, et la regardait avec un entier abandon. Ne demandez pas s'ils s'aimaient ? ils s'aimaient trop. Ils n'en étaient pas à lire dans le livre comme Paul et Françoise; loin de là, Emilio n'osait dire : *Lisons?* A la lueur de ces yeux où brillaient deux prunelles vertes tigrées par des fils d'or qui partaient du centre comme les éclats d'une fêlure, et communiquaient au regard un doux scintillement d'étoile, il sentait en lui-même une volupté nerveuse qui le faisait arriver au spasme. Par momens, il lui suffisait de voir les beaux cheveux noirs de cette tête adorée serrés par un simple cercle d'or, s'échappant en tresses luisantes de chaque côté d'un front volumineux, pour écouter dans ses oreilles les battemens précipités de son sang soulevé par vagues, et menaçant de faire éclater les vaisseaux du cœur. Par quel phénomène moral, l'ame s'emparait-elle si bien de son corps qu'il ne se sentait plus en lui-même, mais tout en cette femme à la moindre parole qu'elle disait d'une voix qui troublait en lui les sources de sa vie? Si dans la solitude, une femme de beauté médiocre sans cesse étudiée devient sublime et imposante, peut-être une femme aussi magnifiquement belle que l'était la duchesse arrivait-elle à stupéfier un jeune homme chez qui l'exaltation trouvait des ressorts neufs, car elle absorbait réellement cette jeune ame.

Héritière des *Doni* de Florence, Massimilla avait épousé le duc sicilien Cataneo. En moyennant ce mariage, sa vieille mère, morte depuis, avait voulu la rendre riche et heureuse selon les coutumes de la vie florentine. Elle avait pensé que sortie du couvent pour entrer dans la vie, sa fille accomplirait selon les lois de l'amour ce second mariage de cœur qui est tout pour une Italienne. Mais Massimilla Doni avait pris au couvent un grand goût pour la vie religieuse, et quand elle eut donné sa foi devant les autels au duc de Cataneo, elle se contenta chrétiennement d'être sa femme. Ce fut la chose impossible. Cataneo, qui ne voulait qu'une duchesse, trouva fort sot d'être un mari. Dès que Massimilla se plaignit de ses façons, il lui dit tranquillement de se mettre en quête d'un *primo cavaliere servante*, et lui offrit ses services pour lui en amener plusieurs à choisir. La duchesse pleura, le duc la quitta. Massimilla regarda le monde qui se pressait autour d'elle, fut conduite par sa mère à la Pergola, dans quelques maisons diplomatiques, aux Cascine, partout où l'on rencontrait de jeunes et jolis cavaliers ; elle ne trouva personne qui lui plut, et se mit à voyager. Elle perdit sa mère, hérita, porta le deuil, vint à Venise, et y vit Emilio qui passa devant sa loge en échangeant avec elle un regard de curiosité. Tout fut dit. Le Vénitien se sentit comme foudroyé. Une voix cria : *le voilà !* dans les oreilles de la duchesse. Partout ailleurs, deux personnes prudentes et instruites se seraient examinées, flairées; mais ces deux ignorances se confondirent comme deux substances de la même nature qui n'en font qu'une seule en se rencontrant. Massimilla devint aussitôt vénitienne et acheta le palais qu'elle avait loué dans le Canareggio. Puis ne sachant à quoi employer ses revenus, elle avait acquis aussi Rivalta, cette campagne où elle était alors. Emilio, présenté par la Vulpato à la Catanco, vint pendant tout l'hiver très respectueusement dans la loge de son amie. Jamais amour ne fut plus violent dans deux ames, ni plus timide dans ses expressions. Ces deux enfans tremblaient l'un devant l'autre. Massimilla ne coquetait point, n'avait ni *secundo* ni *terzo*, ni *patito*. Occupée d'un sourire et d'une parole, elle admirait son jeune Vénitien, au visage pointu, au nez long et mince, aux yeux noirs, au front noble; qui, malgré ses naïfs encouragemens, ne vint chez elle qu'après trois mois employés à s'apprivoiser l'un l'autre. L'été montra son ciel oriental, la duchesse se plaignit d'aller seule à Rivalta. Heureux et inquiet tout à la fois du tête-à-tête, Emilio avait accompagné Massimilla dans sa retraite. Ce joli couple y était depuis six mois. A vingt et un ans, Massimilla n'avait pas, sans de grands remords, immolé ses scrupules religieux à l'amour; mais elle s'était lentement désarmée et souhaitait accomplir ce mariage de cœur, tant vanté par sa mère, au moment où Emilio tenait sa belle et noble main, longue, satinée, blanche, terminée par des ongles bien dessinés et colorés, comme si elle avait reçu d'Asie un peu de l'*henné* qui sert aux femmes des sultans à se les teindre en rose vif. Un malheur ignoré de Massimilla, mais qui faisait cruellement souffrir Emilio, s'était jeté bizarrement entre eux. Massimilla, quoique jeune, avait cette majesté que la tradition mythologique attribue à Junon, seule déesse à laquelle

la mythologie n'ait pas donné d'amant, car
Diane a été aimée, la chaste Diane a aimé !
Jupiter seul a pu ne pas perdre contenance,
devant sa divine moitié, sur laquelle se sont
modelées beaucoup de ladies en Angleterre.
Emilio mettait sa maîtresse beaucoup trop haut
pour y atteindre. Peut-être un an plus tard ne
serait-il plus en proie à cette noble maladie
qui n'attaque que les très jeunes gens et les
vieillards. Mais comme celui qui dépasse le
but en est aussi loin que celui dont le
trait n'y arrive pas, la duchesse se trouvait
entre un mari qui se savait si loin du but
qu'il ne s'en souciait plus, et un amant qui
le franchissait si rapidement avec les blanches
ailes de l'ange qu'il ne pouvait plus y revenir.
Heureuse d'être aimée, Massimilla jouissait du
désir sans en imaginer la fin; tandis que son
amant, malheureux dans le bonheur, amenait
de temps en temps par une promesse sa jeune

amie au bord de ce que tant de femmes nomment l'*abime*, et se voyait obligé de cueillir les fleurs qui le bordent, sans pouvoir faire autre chose que les effeuiller en contenant dans son cœur une rage qu'il n'osait exprimer. Tous deux s'étaient promenés en se redisant au matin un hymne d'amour comme en chantaient les oiseaux nichés dans les arbres. Au retour, le jeune homme, dont la situation ne peut se peindre qu'en le comparant à ces anges auxquels les peintres ne donnent qu'une tête et des ailes, s'était senti si violemment amoureux qu'il avait mis en doute l'entier dévoûment de la duchesse, afin de l'amener à dire : Quelle preuve en veux-tu ?

Ce mot avait été jeté d'un air royal, et Memmi baisait avec ardeur cette belle main ignorante. Tout-à-coup, il se leva furieux contre lui-même, et laissa Massimilla. La duchesse resta dans sa pose nonchalante sur le sopha, mais elle y pleura, se demandant en quoi, belle et jeune, elle déplaisait à Emilio. De son côté, le pauvre Memmi donnait de la tête contre les arbres comme une corneille coiffée. Un valet cherchait en ce moment le jeune Vénitien, et courait après lui pour lui donner une lettre arrivée par un exprès. Marco Vendramini, nom qui dans le dialecte vénitien où se suppriment les finales de certains mots, se prononce également Vendramin, son seul ami lui apprenait que Marco Facino Cane, prince de Varèse, était mort dans un hôpital de Paris. La preuve du décès était arrivée. Ainsi les Cane Memmi devenaient princes de Varèse. Aux yeux des deux amis, un titre sans argent ne signifiant rien, Vendramin annonçait à Emilio comme une nouvelle beaucoup plus importante, l'engagement à la Fenice du fameux ténor Genovese, et de la signora Tinti. Sans achever la lettre, qu'il mit dans sa poche en la froissant, Emilio courut annoncer à la duchesse Cataneo la grande nouvelle, en oubliant son héritage héraldique. La duchesse ignorait la singulière histoire qui recommandait la Tinti à la curiosité de l'Italie, le prince la lui dit en quelques mots. Cette illustre cantatrice était une simple servante d'auberge, dont la voix merveilleuse avait surpris un grand seigneur en voyage. La beauté de cette enfant, qui avait alors douze ans, s'étant trouvée digne de la voix, le grand seigneur sicilien avait eu la constance de faire élever cette petite personne comme Louis XV fit jadis élever mademoiselle de Romans. Il avait attendu patiemment que la voix de Clara Tinti fût exercée par un fameux professeur, et qu'elle eût seize ans pour jouir de tous les trésors si laborieusement cultivés. En débutant l'année dernière, la Tinti avait ravi les trois capitales de l'Italie, les plus difficiles à satisfaire.

— Je suis bien sûr que le grand seigneur n'est pas mon mari, dit la duchesse.

Aussitôt les chevaux furent commandés, et la Cataneo partit à l'instant pour Venise afin d'assister à l'ouverture de la saison d'hiver.

Par une belle soirée du mois de novembre, le nouveau prince de Varèse traversait donc la lagune de Mestre à Venise, entre la ligne de poteaux aux couleurs autrichiennes qui marque la route concédée par la douane aux gondoles. Tout en regardant la gondole de la Cataneo menée par des laquais en livrée, et qui sillonnait la mer à une portée de fusil en avant de lui, le pauvre Emilio, conduit par un vieux gondolier qui avait conduit son père au temps où Venise vivait encore, ne pouvait repousser les amères réflexions que lui suggérait l'investiture de son titre. « Quelle raillerie de la fortune ! Être prince et avoir quinze cents francs de rente. Posséder l'un des plus beaux palais du monde et ne pouvoir disposer des marbres, des escaliers, des peintures, des sculptures qu'un décret impérial venait de rendre inaliénables ! Vivre sur un pilotis en bois de Campêche estimé près d'un million et ne pas avoir de mobilier. Etre le maître de galeries somptueuses, et habiter une chambre au-dessus de la dernière frise arabesque bâtie avec des marbres rapportés de la Morée, que déjà, sous les Romains, un Memmius avait parcourue en conquérant ! Voir dans une des plus magnifiques églises de Venise ses ancêtres sculptés sur leurs tombeaux en marbres précieux, au milieu d'une chapelle ornée des peintures de Titien, de Tintoret, des deux Palma, de Bellini, de Paul Véronèse, et ne pouvoir vendre à l'Angleterre un Memmi de marbre pour donner du pain au prince de Varèse ! Genovese, le fameux ténor, aura, dans une saison, pour ses roulades, le capital de la rente avec laquelle vivrait heureux un Emilio Memmi, fils des Memmius, sénateurs romains, aussi anciens que les César et les Sylla. Genovese peut fumer un houka des Indes, et le prince de Varèse ne peut consumer des cigares à discrétion. »

Et il jeta le bout de son cigare dans la mer.

Le prince de Varèse trouve ses cigares chez la Catanco, à laquelle il voudrait apporter les richesses du monde ; la duchesse étudiait tous ses caprices, heureuse de les satisfaire ! il allait y faire son seul repas, le souper, car son argent passait à son habillement et à son entrée à la Fenice. Encore était-il obligé de prélever cent francs par an pour le vieux gondolier de son père, qui, pour le mener à ce prix, ne vivait que de riz. Enfin, il fallait aussi pouvoir payer les tasses de café noir que tous les matins il prenait au café Florian pour se soutenir jusqu'au soir dans une excitation nerveuse, sur l'abus de laquelle il comptait pour mourir, comme Vendramin comptait, lui, sur l'opium. — Et je suis prince! En se disant ce dernier mot, Emilio Memmi jeta, sans l'achever, la lettre de Marco Vendramini dans la lagune où elle flotta comme un esquif de papier lancé par un enfant.

— Mais Emilio, reprit-il, n'a que vingt-trois ans. Il vaut mieux ainsi que lord Wellington goutteux, que le régent paralytique, que la famille impériale d'Autriche attaquée du haut mal, que le roi de France...Mais en pensant au roi de France le front d'Emilio se plissa, son teint d'ivoire jaunit, des larmes roulèrent dans ses yeux noirs, humectèrent ses longs cils, il souleva d'une main digne d'être peinte par Titien son épaisse chevelure brune, et reporta son regard sur la gondole de la Cataneo. — La raillerie que se permet le sort envers moi se rencontre encore dans mon amour, se dit-il. Mon cœur et mon imagination sont pleins de trésors, Massimilla les ignore. Elle est florentine, elle m'abandonnera. Etre glacé près d'elle lorsque sa voix et son regard développent en moi des sensations célestes. En voyant sa gondole à quelques cent palmes de la mienne, il me semble qu'on me place un fer chaud dans le cœur. Un fluide invisible coule dans mes nerfs et les embrase, un nuage se répand sur mes yeux, l'air me semble avoir la couleur qu'il avait à Rivalta, quand le jour passait à travers un store de soie rouge, et que, sans qu'elle me vit, je l'admirais rêveuse et souriant avec finesse, comme la Monna Lisa de Léonardo. Ou mon altesse finira par un coup de pistolet, ou le fils des Cane suivra le conseil de son vieux Carmagnola : nous nous ferons matelots, pirates, et nous nous amuserons à voir combien de temps nous vivrons avant d'être pendus !

Le prince prit un nouveau cigare et contempla les arabesques de sa fumée livrée au vent, comme pour voir dans leurs caprices une répétition de sa dernière pensée. De loin, il distinguait déjà les pointes mauresques des ornemens qui couronnaient son palais ; il redevint triste. La gondole de la duchesse avait disparut dans le Canareggio. Les fantaisies d'une vie romanesque et périlleuse, prise comme dénoûment de son amour, s'éteignirent avec son cigare, et la gondole de son amie ne lui marqua plus son chemin. Il vit alors le présent tel qu'il était : un palais sans ame, une ame sans action sur le corps, une principauté sans argent, un corps vide et un cœur plein, mille antithèses désespérantes. L'infortuné pleurait sa vieille Venise, comme la pleurait plus amèrement encore Vendramini, car une mutuelle et profonde douleur et un même sort avaient engendré une mutuelle et vive amitié entre ces deux jeunes gens, débris de deux illustres familles. Emilio ne put s'empêcher de penser aux jours où le palais Memmi vomissait la lumière par toutes ses croisées et retentissait de musiques portées au loin sur l'onde adriatique : où l'on voyait à ses poteaux des centaines de gondoles attachées, où l'on entendait sur son perron baisé par les flots, les masques élégans et les dignitaires de la république se pressant en foule ; où ses salons et sa galerie étaient enrichis par une assemblée si intriguée et intrigant ; où la grande salle des festins meublée de tables rieuses, et ses galeries au pourtour aérien pleines de musique, semblaient contenir Venise entière allant et venant sur les escaliers retentissant de rires. Le ciseau des meilleurs artistes avait de siècle en siècle sculpté le bronze qui supportait alors les vases au long col ou ventrus achetés en Chine, et celui des candélabres aux mille bougies : chaque pays avaient fourni sa part du luxe qui parait les murailles et les plafonds. Aujourd'hui les murs dépouillés de leurs belles étoffes, les plafonds mornes se taisaient et pleuraient, plus de tapis de Turquie, plus de lustres festonnés de fleurs, plus de statues, plus de tableaux, plus de joie ni d'argent, ce grand véhicule de la joie ! Venise, cette Londres du moyen-âge, tombait pierre à pierre, homme à homme. La sinistre verdure que la mer entretient et caresse au bas des palais, était alors aux yeux du prince comme une frange noire que la nature y attachait en signe de mort. Enfin, un grand poète anglais était venu s'abattre comme un corbeau sur un cadavre, pour

lui croasser en poésie lyrique, dans ce premier
et dernier langage des sociétés, les stances d'un
De Profundis ! De la poésie anglaise jetée au front
d'une ville qui avait enfanté la poésie italienne !
Pauvre Venise ! Jugez quel dût être l'étonnement d'un jeune homme absorbé par de telles
pensées, au moment où Carmagnola s'écria
— Sérénissime altesse, le palais brûle, ou les
anciens doges y sont revenus. Voici des lumières aux croisées de la galerie haute !

Le prince Emilio crut son rêve réalisé par
un coup de baguette. A a nuit tombante, le
vieux gondolier put en retenant sa gondole à
la première marche aborder son jeune maître
sans qu'il fût vu par aucun des gens empressés dans le palais et dont quelques-uns bourdonnaient au perron comme des abeilles à
l'entrée d'une ruche. Emilio se glissa sous l'immense péristyle où se développait le plus bel

escalier de Venise et le franchit lestement pour connaître la cause de cette singulière aventure. Tout un monde d'ouvriers se hâtait l'achever l'ameublement et la décoration de son palais. Le premier étage, digne de l'ancienne splendeur de Venise, offrait à ses regards les belles choses qu'Emilio rêvait un moment auparavant. La fée les avait disposées dans le meilleur goût. Une splendeur digne des palais d'un roi parvenu éclatait jusques dans les plus minces détails. Emilio se promenait sans que personne lui fît la moindre observation et marchait de surprise en surprise. Curieux de voir ce qui se passait au second étage, il y monta et trouva l'ameublement fini. Les inconnus chargés par l'enchanteur de renouveler les prodiges des Mille et une Nuits en faveur d'un pauvre prince italien, remplaçaient quelques meubles mesquins apportés dans les premiers momens. Le prince Emilio arriva dans la chambre à coucher de l'appartement qui lui sourit comme une conque d'où Vénus serait sortie : elle était si délicieusement belle, si bien pomponnée, si coquette, pleine de recherches si gracieuses qu'il s'alla plonger dans une bergère de bois doré devant laquelle on avait servi le souper froid le plus friand ; et, sans autre forme de procès, il se mit à manger.

— Je ne vois dans le monde entier que Massimilla qui puisse avoir eu l'idée de cette fête. Elle a su que j'étais prince, le duc de Cataneo est peut-être mort en lui laissant ses biens, la voilà deux fois plus riche, elle m'épousera, et.... Et il mangeait à se faire haïr d'un millionnaire malade qui l'aurait vu dévorant ce souper, et il buvait à torrens un excellent vin de Porto. — Maintenant je m'explique le petit air entendu qu'elle a pris en me disant : *A ce soir!* Elle va venir peut-être me désensorceller. Quel beau lit, et dans ce lit, quelle jolie lanterne. Idée de Florentine.

Il se rencontre quelques riches organisations sur lesquelles le bonheur ou le malheur extrême produit un effet soporifique. Or, sur un jeune homme assez puissant pour idéaliser une maîtresse au point de ne plus y voir de femme, l'arrivée trop subite de la fortune devait faire l'effet d'une dose d'opium. Quand le prince eut bu la bouteille de vin de Porto, mangé la moitié d'un poisson et quelques fragmens d'un pâté français, il éprouva le plus violent désir de se coucher. Peut-être était-il sous le coup d'une double ivresse ? Il ôta lui-même la couverture, apprêta le lit, se déshabilla dans un très joli cabinet de toilette, et se coucha pour réfléchir à sa destinée.

— J'ai oublié ce pauvre Carmagnola, mais

mon cuisinier et mon sommelier y pourvoiront.

En ce moment, une femme de chambre entra folâtrement en chantonnant un air du Barbier de Séville. Elle jeta sur une chaise des vêtemens de femme, toute une toilette de nuit, en disant : — Les voici qui rentrent! Quelques instans après, vint en effet une jeune femme habillée à la française, et qui pouvait être prise pour l'original de quelque fantastique gravure anglaise inventée pour un *Forget me not*, une *belle assemblée*, ou pour un *Book of Beauty*. Le prince frissonna de peur et de plaisir, car il aimait Massimilla comme vous savez. Or, malgré cette foi d'amour qui l'embrâsait et qui jadis inspira des tableaux à l'Espagne, des madones à l'Italie, des statues à Michel-Ange, les portes du Baptistère à Ghiberti, la volupté l'enserrait de ses rêts, et le désir l'agitait sans répandre en son cœur cette chaude essence éthérée que lui infusait un regard ou la moindre parole de la Cataneo. Son ame, son cœur, sa raison, toutes ses volontés se refusaient à l'infidélité; mais la brutale et capricieuse infidélité dominait son ame. Cette femme ne vint pas seule. Le prince aperçut un de ces personnages auxquels personne ne veut croire dès qu'on les fait passer de l'état réel où nous les admirons, à l'état fantastique d'une description plus ou moins littéraire. Comme celui de presque tous les Napolitains, son habillement comportait cinq couleurs, si l'on veut admettre le noir du chapeau comme une couleur : son pantalon était olive, son gilet rouge étincelait de boutons dorés, son habit tirait au vert et son linge arrivait au jaune. Cet homme semblait avoir pris à tâche de justifier le Napolitain que Gerolamo met toujours en scène sur son théâtre de marionnettes. Ses yeux semblaient être de verre. Son nez en as de tréfle saillait horriblement. Ce nez couvrait d'ailleurs avec pudeur un trou qu'il serait injurieux pour l'homme de nommer une bouche, et où se montraient trois ou quatre défenses blanches douées de mouvement qui se plaçaient d'elles-mêmes les unes entre les autres. Ses oreilles fléchissaient sous leur propre poids, et lui donnaient une bizarre ressemblance avec un chien. Son teint soupçonné de contenir plusieurs métaux infusés dans son sang par l'ordonnance de quelque Hippocrate était poussé au noir. Son front pointu mal caché par des cheveux plats, rares, et qui tombaient comme des filamens de verre soufflé, couronnait par des rugosités rougeâtres sa face grimaude. Enfin, quoique maigre et de taille ordinaire, il avait les bras longs et les épaules larges. Malgré ces horreurs, cet homme, à qui vous eussiez donné soixante-dix ans, ne manquait pas d'une certaine majesté cyclopéenne ; il avait des manières aristocratiques et dans le regard la sécurité du riche. Pour quiconque aurait eu le cœur assez ferme pour l'observer, son histoire était écrite par les passions dans ce noble argile devenu boueux. Il eût deviné le grand seigneur, qui, riche dès sa jeunesse, avait vendu son corps à la débauche pour en obtenir des plaisirs excessifs. La débauche avait détruit la créature humaine et s'en était fait un autre à son usage. Des milliers de bouteilles avaient passé sous les arches empourprées de ce nez grotesque, et avaient laissé leur lie sur les lèvres. De longues et fatigantes digestions avaient emporté les dents. Les yeux avaient pâli à la lumière des tables de jeu. Le sang s'était chargé de principes impurs qui avaient altéré le système nerveux. Le jeu des forces digestives avait absorbé l'intelligence. Enfin, l'amour avait dissipé la brillante chevelure du jeune homme. En héritier avide, chaque vice avait marqué sa part du cadavre encore vivant. Quand on observe la nature, on y découvre les plaisanteries d'une ironie supérieure : elle a, par exemple, placé les crapauds près des fleurs, comme était ce duc près de cette rose d'amour.

— Jouerez-vous du violon ce soir, mon cher duc? dit la femme en détachant l'embrasse et laissant retomber une magnifique portière sur la porte.

— Jouer du violon, reprit le prince Emilio, que veut-elle dire? Qu'a-t-on fait de mon palais? Suis-je éveillé. Me voilà dans le lit de cette femme! Elle se croit chez elle, elle ôte sa mantille! Ai-je donc, comme Vendramin, fumé l'opium et suis-je au milieu d'un de ces rêves où il voit Venise comme elle était il y a trois cents ans!

Assise devant sa toilette illuminée par des bougies, l'inconnue défaisait ses atours de l'air le plus tranquille du monde.

— Sonnez Julia, *caro mio*, je suis impatiente de me déshabiller.

En ce moment, le duc aperçut le souper entamé, regarda dans la chambre et vit le pantalon du prince étalé sur un fauteuil près du lit.

— Je ne sonnerai pas, Clarina, s'écria d'une voix grêle le duc furieux. Je ne jouerai du violon ni ce soir, ni demain, ni jamais.....

—*Ta, ta, ta, ta,* chanta Clarina sur une seule note, en passant chaque fois d'une octave à l'autre avec l'agilité du rossignol.

—Malgré cette voix qui rendrait sainte Claire,

ta patronne, jalouse, et le Christ amoureux, vous êtes par trop impudente, madame la drôlesse.

— Vous ne m'avez pas élevée à entendre de semblables mots, dit-elle avec fierté.

— Vous ai-je appris à garder un homme dans votre lit? Vous ne méritez ni mes bienfaits, ni ma haine.

— Un homme dans mon lit! s'écria Clarina en se retournant vivement.

— Et qui a familièrement mangé notre souper, comme s'il était chez lui, reprit le duc.

— Mais, s'écria Emilio, ne suis-je pas chez moi? je suis le prince de Varèse, ce palais est le mien.

En disant ces paroles, Emilio se dressa sur son séant et montra sa belle et noble tête vénitienne au milieu des pompeuses draperies du lit. D'abord la Clarina se mit à rire d'un de ces rires fous qui prennent aux jeunes filles, quand elles rencontrent une aventure comique en dehors de toute prévision. Ce rire eut une fin quand elle remarqua ce jeune homme, qui, disons-le, était remarquablement beau mais peu vêtu. La même rage qui mordait Émilio la saisit, et comme elle n'aimait personne, aucune raison ne brida sa fantaisie de Sicilienne éprise.

— Si ce palais est le palais Memmi, votre altesse sérénissime voudra cependant bien le quitter, dit le duc en prenant l'air froid et ironique d'un homme poli. Je suis ici chez moi...

—Apprenez, monsieur le duc, que vous êtes

dans ma chambre, et non chez vous, dit la Clarina sortant de sa léthargie. Si vous avez des soupçons sur ma vertu, je vous prie de me laisser les bénéfices de mon crime.

— Des soupçons ! Dites, ma mie, des certitudes.

— Je vous le jure, reprit la Clarina, je suis innocente.

— Mais que vois-je là, dans ce lit? dit le duc.

— Ah! vieux sorcier, si tu crois ce que tu vois plus que ce que je te dis, s'écria la Clarina, tu ne m'aimes pas! Va-t'en et ne me romps plus les oreilles ! M'entendez - vous, sortez, monsieur le duc! Ce jeune prince vous rendra le million que je vous coûte, si vous y tenez.

— Je ne rendrai rien, dit Emilio, tout bas.

— Nous n'avons rien à rendre, c'est peu d'un million pour avoir Clarina Tinti quand on est aussi laid. Allons, sortez, dit-elle au duc, vous m'avez renvoyée, et moi je vous renvoie, partant quitte.

Sur un geste du vieux duc, qui paraissait vouloir résister à cet ordre intimé dans une attitude digne du rôle de Sémiramis, qui avait acquis à la Tinti son immense réputation, la prima donna s'élança sur le vieux singe et le mit à la porte.

— Si vous ne me laissez pas tranquille ce soir, nous ne nous reverrons jamais. Mon jamais vaut mieux que le vôtre, lui dit-elle.

— *Tranquille,* reprit le duc en laissant échapper un rire amer. Il me semble, ma chère idole, que c'est *agitata* que je vous laisse.

Le duc sortit. Cette lâcheté ne surprit point Emilio. Tous ceux qui se sont accoutumés à quelque goût particulier, choisi dans tous les effets de l'amour et qui concorde à leur nature, savent qu'aucune considération n'arrête un homme qui s'est fait une habitude de sa passion. La Tinti bondit comme un faon de la porte au lit.

— Prince, pauvre, jeune et beau, mais c'est un conte de fée, dit-elle.

La Sicilienne se posa sur le lit avec une grâce qui rappelait le naïf laissez-aller de l'animal, l'abandon de la plante vers le soleil, ou le plaisant mouvement de valse par lequel les rameaux se donnent au vent. En détachant les poignets de sa robe, elle se mit à chanter, non plus avec la voix destinée aux applaudissemens de la Fenice, mais d'une voix troublée par le désir. Son chant était une brise qui apportait au cœur les caresses de l'amour. Elle regardait à la dérobée Emilio, tout aussi confus qu'elle, car cette femme de théâtre n'avait plus l'audace qui lui avait animé les yeux, les gestes et la voix en renvoyant le duc; non elle était humble comme la courtisane amoureuse.

Pour imaginer la Tinti, il faudrait avoir vu l'une des meilleures cantatrices francaises à son début dans *il Fazzoletto*, opéra de Garcia, que les Italiens jouaient alors au théâtre de la rue Louvois. Elle était si belle qu'un pauvre garde-du-corps, n'ayant pu se faire écouter, se tua de désespoir. La prima donna de la Fenice offrait la même finesse d'expression, la même élégance de formes, la même jeunesse; mais il y surabondait cette chaude couleur de

Sicile qui dorait sa beauté; puis, sa voix était plus nourrie, elle avait enfin cet air auguste qui distingue les contours de la femme italienne. La Tinti, de qui le nom a tant de ressemblance avec celui que se forgea la cantatrice française, avait dix-sept ans. Emilio, le pauvre prince, en avait vingt-trois. Quelle main rieuse s'était plue à jeter le feu si près de la poudre? Une chambre embaumée, vêtue de soie incarnadine, brillante de bougies, un lit de dentelles, un palais silencieux, Venise! deux jeunesses, deux beautés! tous les fastes réunis.

Emilio prit son pantalon, sauta hors du lit, se sauva dans le cabinet de toilette, se rhabilla, revint et se dirigea précipitamment vers la porte. Voici ce qu'il s'était dit en reprenant ses vêtemens.

— Massimilla, chère fille des Doni chez lesquels la beauté de l'Italie s'est héréditairement conservée, toi qui ne démens pas le portrait de Margherita, l'une des rares toiles entièrement peintes par Raphaël pour sa gloire! ma belle et sainte maîtresse, ne sera-ce pas te mériter, que de me sauver de ce gouffre de fleurs? serais-je digne de toi si je profanais un cœur tout à toi. Non, je ne tomberai pas dans le piége vulgaire que me tendent mes sens révoltés. A cette fille son duc, à moi ma duchesse!

Au moment où il soulevait la portière, il entendit un gémissement. Cet héroïque amant se retourna, vit la Tinti qui, prosternée la face sur le lit, y étouffait ses sanglots. Le croirez-vous? elle était plus belle à genoux, la figure cachée, que confuse et le visage étincelant. Ses cheveux dénoués sur ses épaules, sa pose de Magdeleine, le désordre de ses vêtemens déchirés, tout avait été composé par le diable, qui, vous le savez, est un grand coloriste. Le prince prit par la taille cette pauvre Tinti, qui lui échappa comme une couleuvre, et se roula autour d'un de ses pieds que pressa mollement une chair adorable.

— M'expliqueras-tu, dit-il en secouant son pied pour le retirer de cette fille, comment tu te trouves dans mon palais? Comment le pauvre Emilio Memmi...

— Emilio Memmi! s'écria la Tinti en se relevant, tu te disais prince.

— Prince depuis hier.

— Tu aimes la Cataneo! dit la Tinti en le toisant.

Le pauvre Emilio resta muet, en voyant la

prima donna sourire au milieu de ses larmes.

— Votre altesse ignore que celui qui m'a élevée pour le théâtre, que ce duc est Cataneo lui-même. Votre ami Vendramin, croyant servir vos intérêts, lui a loué ce palais pour le temps de mon engagement à la Fenice, moyennant mille écus. Chère idole de mon désir, lui dit-elle en le prenant par la main et l'attirant à elle, pourquoi fuis-tu celle pour qui bien des gens se feraient casser les os ? l'amour, vois-tu, sera toujours l'amour. Il est partout semblable à lui-même, il est comme le soleil de nos ames, on se chauffe partout où il brille et nous sommes ici en plein midi. Si demain tu n'es pas content, tue-moi ! Mais je vivrai, car je suis jeune et belle.

Emilio résolut de rester. Quand il eut consenti par un signe de tête, le mouvement de joie qui agita la Tinti lui parut éclairé par une lueur jaillie de l'enfer. Jamais l'amour n'avait pris à ses yeux une expression aussi grandiose. En ce moment, Carmagnola siffla vigoureusement.

— Que peut-il me vouloir ? se dit le prince.

Vaincu par l'amour, Emilio n'écouta point les sifflemens répétés de Carmagnola.

Si vous n'avez pas voyagé en Suisse, vous lirez peut-être avec plaisir cette description, et si vous avez grimpé par là, vous ne vous rappellerez pas ses accidens sans émotion. Dans ce sublime pays, au sein d'une roche fendue en deux par une vallée, chemin large comme l'avenue de Neuilly à Paris, mais creux de quelques cents toises, et craquelé de ravins, il se rencontre un cours d'eau tombé soit du Saint-Gothard, soit du Simplon, d'une cîme alpestre quelconque, qui trouve un vaste puits, profond de je ne sais combien de brasses, long et large de plusieurs toises, bordé de quartiers de granit ébréchés sur lesquels on voit des prés, entre lesquels s'élancent des sapins, des aulnes gigantesques, et où viennent aussi des fraises et des violettes; parfois on trouve un chalet aux fenêtres duquel se montre le frais visage d'une blonde Suissesse; selon les aspects du ciel, l'eau de ce puits est bleue ou verte, mais comme un saphir est bleu, comme une émeraude est verte; eh bien! rien au monde ne représente au voyageur le plus insouciant, au diplomate le plus pressé, à l'épicier le plus bonhomme, les idées de profondeur, de calme, d'immensité, de céleste affection, de bonheur éternel comme ce diamant liquide où la neige, accourue des plus hautes Alpes, coule en eau limpide par un goulot naturel, caché sous les arbres, creusé dans le roc, et d'où elle s'échappe par une fente, sans murmure; la nappe, qui se superpose au gouffre, se glisse si doucement, que vous ne voyez aucun trouble à la surface où la voiture se mire en passant; voici que les chevaux reçoivent deux coups de fouet! on tourne un rocher, on enfile un pont : tout-à-coup rugit un horrible concert de cascades se ruant les unes sur les autres; le torrent échappé par une bonde furieuse se brise en vingt chutes, se casse sur mille gros cailloux; il étincelle en cent gerbes contre un rocher tombé du haut de la chaîne qui domine la vallée, et tombé précisément au milieu de cette rue que s'est impérieusement frayée l'hydrogène nitré, la plus respectable de toutes les forces vives.

Si vous avez bien saisi ce paysage, vous aurez dans cette eau endormie une image de l'amour d'Emilio pour la duchesse, et dans les cascades bondissantes comme un troupeau de moutons une image de sa nuit amoureuse avec la Tinti. Au milieu de ces torrens d'amour, il s'élevait un rocher, contre lequel se brisait l'onde. Le prince était comme Sysyphe, toujours sous le rocher.

— Que fait donc le duc Cataneo avec son violon? se disait-il, est-ce à lui que je dois cette symphonie?

Il s'en ouvrit à Clara Tinti.

— Cher enfant, car elle avait reconnu que le prince était un enfant. Cher enfant, lui dit-elle, cet homme qui a cent dix-huit ans à la paroisse du Vice et quarante-sept ans sur les registres de l'Eglise, n'a plus au monde qu'une seule et dernière jouissance par laquelle il sente la vie. Oui, toutes les cordes sont brisées, tout est ruine ou haillon chez lui. L'ame, l'intelligence, le cœur, les nerfs, tout ce qui produit chez l'homme un élan et le rattache au ciel par le désir ou par le feu du plaisir, tient non pas tant à la musique qu'à un effet pris dans les innombrables effets de la musique, à un accord parfait entre deux voix, ou entre une voix et la chanterelle de son violon. Le vieux singe s'assied sur moi, prend son violon, il joue assez bien, il en tire des sons, je tâche de les imiter, et quand arrive le moment long-temps cherché où il est impossible de distinguer dans la masse du chant quel est le son du violon, quelle est la note sortie de mon gosier; ce vieillard tombe alors en extase, ses yeux morts jettent leurs derniers feux, il est heureux, il se roule à terre comme un homme ivre. Voilà pourquoi il a payé Genovese si cher. Genovese est le seul ténor qui puisse parfois s'accorder avec le timbre de ma voix. Ou nous approchons réellement l'un de l'autre une ou deux fois par soirée, ou le duc se l'imagine; pour cet imaginaire plaisir, il a retenu Genovese, Genovese lui appartient. Nul directeur de théâtre ne peut le faire chanter sans moi, ni me faire chanter sans lui. Le duc m'a élevée pour satisfaire ce caprice, je lui dois mon talent, ma beauté, sans doute ma fortune. Il mourra dans quelque attaque d'accord parfait. Le sens de l'ouïe est le seul qui ait survécu dans le naufrage de ses facultés, là est le fil par lequel il tient à la vie. De cette souche pourrie il s'élance une pousse vigoureuse. Il y a, m'a-t-on dit, beaucoup d'hommes dans cette situation. Veuille la Madone les protéger! tu n'en es pas là, toi! Tu peux tout ce que tu veux et tout ce que je veux. Je le sais.

Vers le matin le prince Emilio sortit doucement de la chambre et trouva Carmagnola couché en travers de la porte.

— Altesse, dit le gondolier, la duchesse m'avait ordonné de vous remettre ce billet.

Il tendit à son maître un joli petit papier triangulairement plié. Le prince se sentit défaillir, et il rentra pour tomber sur une bergère, car sa vue était troublée, ses mains tremblaient en lisant ceci.

« Cher Émile, votre gondole s'est arrêtée à
» votre palais, vous ne savez donc pas que Ca-
» tanéo l'a loué pour la Tinti. Si vous m'aimez,
» allez dès ce soir chez Vendramin qui me dit
» vous avoir arrangé un appartement chez lui.
» Que dois-je faire? Faut-il rester à Venise en
» présence de mon mari et de sa cantatrice?
» faut-il repartir ensemble pour le Frioul? Ré-

» pondez-moi par un mot, ne serait-ce que pour
» me dire quelle était cette lettre que vous avez
» jetée dans la lagune.

« Massimilla Doni. »

L'écriture et la senteur du papier réveillèrent mille souvenirs dans l'ame du jeune Vénitien. Le soleil de l'amour unique jeta sa vive lueur sur l'onde bleue venue de loin amassée dans l'abîme sans fond, et qui scintilla comme une étoile. Le noble enfant ne put retenir les larmes qui jaillirent de ses yeux en abondance, car dans la langueur où l'avait mis la fatigue des sens rassasiés, il fut sans force contre le choc de cette divinité pure. Dans son sommeil, la Clarina entendit les larmes, elle se dressa sur son séant, vit son prince dans une attitude de douleur, elle se précipita à ses genoux, les embrassa.

— On attend toujours la réponse, dit Carmagnola en soulevant la portière.

— Infâme, tu m'as perdu! s'écria Émilio qui se leva en secouant du pied la Tinti.

Elle le serrait avec tant d'amour en implorant une explication par un regard, un regard de Samaritaine éplorée! qu'Émilio, furieux de se voir encore entortillé dans cette passion qui l'avait fait déchoir, la repoussa par un coup de pied brutal.

— Tu m'as dit de te tuer, meurs, bête venimeuse, s'écria-t-il.

Puis il sortit de son palais et sauta dans sa gondole.

— Rame, cria-t-il à Carmagnola.

— Où ? dit le vieux.

— Où tu voudras !

Le gondolier devina son maître et le mena par mille détours dans le Canareggio devant la porte d'un merveilleux palais que vous admirerez quand vous irez à Venise, car aucun étranger n'a manqué de faire arrêter sa gondole à l'aspect de ces fenêtres toutes diverses d'ornement, luttant toutes de fantaisie, à balcons travaillés comme les plus folles dentelles, en voyant les encoignures de ce palais terminées par de longues colonnettes sveltes et tordues, en remarquant ces assises fouillées par un ciseau si capricieux, qu'on ne trouve aucune figure semblable dans les arabesques de chaque pierre. Combien est jolie la porte, et combien mystérieuse est la longue voûte en arcades qui mène à l'escalier ! Et qui n'admirerait ces marches où l'art intelligent a cloué, pour le temps que vivra Venise, un tapis riche comme un tapis de Turquie, mais composé de pierres aux mille couleurs incrustées dans un marbre blanc! Vous aimerez les délicieuses fantaisies qui parent les berceaux, dorés comme ceux du palais ducal, et qui rampent au-dessus de vous, en sorte que les merveilles de l'art sont sous vos pieds et sur vos têtes. Quelles ombres douces, quel silence, quelle fraîcheur! Mais quelle gravité dans ce vieux palais où, pour plaire à Émilio comme à Vendramini, son ami, la duchesse avait rassemblé d'anciens meubles vénitiens, où des mains habiles avaient restauré les plafonds! Venise revivait là tout entière. Non-seulement le luxe était noble, mais il était instructif. L'archéologue eût retrouvé là les modèles du beau comme le produisit le moyen-âge qui prit ses exemples à Venise. On voyait et les premiers plafonds à planches couvertes de dessins fleuretés en or sur des fonds colorés, ou en couleurs sur un fond d'or, et les plafonds en stucs dorés qui, dans chaque coin, offraient une scène à plusieurs personnages, et dans leur milieu les plus belles fresques, genre si ruineux que le Louvre n'en possède pas deux, et que le faste de Louis XIV recula devant de telles profusions pour Versailles. Partout le marbre, le bois et les étoffes avaient servi de matière à des œuvres précieuses. Émilio poussa une porte en chêne sculpté, traversa cette longue galerie qui s'étend à chaque étage dans les palais de Venise, et arriva devant une autre porte bien connue qui lui fit battre le cœur. A son aspect, la dame de compagnie sortit d'un immense salon, et le laissa entrer dans un cabinet de travail où il trouva la duchesse à genoux devant une madone. Il venait s'accuser et demander pardon, Massimilla priant le transforma. Lui et Dieu, pas autre chose dans ce cœur! La duchesse se releva simplement, lui tendit la main, mais il ne la prit pas.

— Gianbattista ne vous a donc pas rencontré hier? lui dit-elle.

— Non, répondit-il.

— Ce contre-temps m'a fait passer une cruelle nuit, je craignais tant que vous ne rencontrassiez le duc dont la perversité m'est si connue! Quelle idée a eue Vendramini de lui louer votre palais!

— Une bonne idée, Milla, car ton prince est peu fortuné.

Massimilla était si belle de confiance, si magnifique de beauté, si calmée par la présence d'Émilio, qu'en ce moment le prince éprouva, tout éveillé, les sensations de ce cruel rêve qui tourmente les imaginations vives, et dans lequel, après être venu, dans un bal plein de femmes parées, le rêveur s'y voit tout-à-coup nu, sans chemise; la honte, la peur le flagellent tour-à-tour, et le réveil seul le délivre de ses angoisses. L'ame d'Émilio se trouvait ainsi devant sa maîtresse; jusqu'alors elle avait été revêtue des plus belles fleurs du sentiment, la débauche l'avait mise dans un état ignoble, et lui seul le savait; car la belle Florentine accordait tant de vertus à son amour, que l'homme aimé par elle devait être incapable de contracter la moindre souillure. Comme Émilio n'avait pas accepté sa main, elle se leva pour passer ses doigts dans les cheveux qu'avait baisés la Tinti. Elle sentit alors la main d'Émilio moite, et lui vit le front humide.

— Qu'avez-vous? lui dit-elle d'une voix à

laquelle la tendresse donna la douceur d'une flûte.

— Je n'ai jamais connu qu'en ce moment la profondeur de mon amour, répondit Émilio.

— Hé bien, chère idole, que veux-tu? reprit-elle.

A ces paroles, toute la vie d'Émilio se retira dans son cœur.

— Qu'ai-je fait pour l'amener à cette parole? pensa-t-il.

— Émilio, quelle lettre as-tu donc jetée dans la lagune?

— Celle de Vendramini que je n'ai pas achevée, sans quoi je ne me serais pas rencontré dans mon palais avec le duc dont il a dû me dire l'histoire.

Massimilla pâlit, mais un geste d'Émilio la rassura.

— Reste avec moi toute la journée, nous irons au théâtre ensemble, ne partons pas pour le Frioul, ta présence m'aidera sans doute à supporter celle de Cataneo, reprit-elle.

Quoique ce dût être une continuelle torture d'ame pour l'amant, il consentit avec une joie apparente. Si quelque chose peut donner une idée de ce que ressentiront les damnés en se voyant si indignes de Dieu, n'est-ce pas l'état d'un jeune homme encore pur devant une révérée maîtresse quand il se sent sur les lèvres le goût d'une infidélité, quand il apporte dans le sanctuaire de la divinité chérie l'atmosphère empestée d'une courtisane. Baader, qui expliquait dans ses leçons les choses célestes par des comparaisons érotiques, avait sans doute remarqué, comme les écrivains catholiques, la grande ressemblance qui existe entre l'amour humain et l'amour du ciel. Ces souffrances répandirent une teinte de mélancolie sur les plaisirs que goûta le Vénitien auprès de sa maîtresse. L'ame d'une femme a d'incroyables aptitudes pour s'harmonier aux sentimens : elle se colore de la couleur, elle vibre de la note qu'apporte un amant, la duchesse devint donc songeuse. Les saveurs irritantes qu'allume le sel de la coquetterie sont loin d'activer l'amour autant que cette douce conformité d'émotions. Les efforts de la coquetterie indiquent trop une séparation, et quoique momentanée elle déplaît ; tandis que ce partage sympathique annonce la constante fusion des ames. Aussi le pauvre Émilio fut-il attendri par la silencieuse divination qui faisait pleurer la duchesse sur une faute inconnue. Se sentant plus forte en se voyant inattaquée du côté sensuel de l'amour, la duchesse pouvait être caressante : elle déployait avec hardiesse et confiance son ame angélique, elle la mettait à nu, comme pendant cette nuit diabolique la véhémente Tinti avait montré son corps aux moelleux contours, à la chair souple et drue. Aux yeux d'Émilio, il y avait comme une joute entre l'amour saint de cette ame blanche, et l'amour de la nerveuse et colère Sicilienne.

Cette journée fut donc employée en longs regards échangés après de profondes réflexions. Chacun d'eux sondait sa propre tendresse et la trouvait infinie, sécurité qui leur suggérait de douces paroles. La Pudeur, cette divinité qui, dans un moment d'oubli avec l'amour, enfanta la coquetterie, n'aurait pas eu besoin de mettre la main sur ses yeux en voyant ces deux amans. Pour toute volupté, pour extrême plaisir, Massimilla tenait la tête d'Émilio sur son sein et se hasardait par momens à imprimer ses lèvres sur les siennes, mais comme un oiseau trempe son bec dans l'eau pure d'une source, en regardant avec timidité s'il est vu. Leur pensée développait ce baiser comme un musicien développe un thème par les modes infinis de la musique, et il produisait en eux des retentissemens tumultueux, ondoyans, qui les enfièvraient. Certes, l'idée sera toujours plus violente que le fait; autrement, le désir serait moins beau que le plaisir, et il est plus puissant, il l'engendre. Aussi étaient-ils pleinement heureux, car la jouissance du bonheur amoindrira toujours le bonheur. Mariés dans le ciel seulement, ces deux amans s'admiraient sous leur forme la plus pure, celle de deux ames enflammées et conjointes dans la lumière céleste, spectacles radieux pour les yeux qu'a touchés la Foi, fertiles surtout en délices infinies que le pinceau des Raphaël, des Titien, des Murillo a su rendre, et que retrouvent à la vue de leurs compositions ceux qui les ont éprouvées. Les grossiers plaisirs prodigués par la Sicilienne, preuve matérielle de cette angélique union, ne doivent-ils pas être dédaignés par les esprits supérieurs! Le prince se disait ces belles pensées en se trouvant abattu dans une langueur divine sur la fraîche, blanche et souple poitrine de Massimilla, sous les tièdes rayons de ses yeux à longs cils brillans, et il se perdait dans l'infini de ce libertinage idéal. En ces momens, Massimilla devenait une de ces vierges célestes entrevues dans les rêves, que le chant du coq fait disparaître, mais que vous reconnaissez au sein de leur sphère lumineuse dans quelques œuvres des glorieux peintres du ciel.

Le soir les deux amans se rendirent au théâtre. Ainsi va la vie italienne : le matin l'amour, le soir la musique, la nuit le sommeil. Combien cette existence est préférable à celle des pays où chacun emploie ses poumons et ses forces à politiquer, sans plus pouvoir changer à soi seul la marche des choses qu'un grain de sable ne peut faire la poussière. La liberté, dans ces singuliers pays, consiste à disputailler sur la chose publique, à se garder soi-même, se dissiper en mille occupations patriotiques plus sottes les unes que les autres, en ce qu'elles dérogent au noble et saint égoïsme qui engendre toutes les grandes choses humaines. A Venise, au contraire, l'amour et ses mille liens, une douce occupation des joies réelles prend et enveloppe le temps. Dans ce pays l'amour est chose si naturelle que la duchesse était regardée comme une femme extraordinaire, car chacun avait la conviction de sa pureté, malgré la violence de la passion d'Émilio. Aussi les femmes plaignaient-elles sincèrement ce pauvre jeune homme qui passait pour victime de la sainteté de celle qu'il aimait. Personne n'osait d'ailleurs blâmer la duchesse : la religion est une puissance aussi vénérée que l'amour. Tous les soirs, au théâtre, la loge de la Cataneo était lorgnée la première, et chaque femme disait à son ami, en montrant la duchesse et son amant : — Où en sont-ils ?

L'ami observait Émilio, cherchait en lui quelques indices du bonheur et n'y trouvait que l'expression d'un amour pur et mélancolique. Dans toute la salle, en visitant chaque loge, les hommes disaient alors aux femmes : — La Cataneo n'est pas encore à Émilio.

— Elle a tort, disaient le jeunes femmes, elle le lassera.

— *Forse*, répondaient les mères avec cette solennité que les Italiens mettent en disant ce grand mot qui répond à beaucoup de choses ici-bas.

Quelques femmes s'emportaient, trouvaient la chose de mauvais exemple et disaient que c'était mal entendre la religion que de lui laisser étouffer l'amour.

— Aimez-le donc, ma chère, disait tout bas la Vulpato à la duchesse en la rencontrant dans l'escalier à la sortie.

— Mais je l'aime de toutes mes forces, répondait-elle.

— Pourquoi donc n'a-t-il pas l'air heureux ?

La duchesse répondait par un petit mouvement d'épaule. Nous ne concevrions pas, dans la France comme nous l'a faite la manie des mœurs anglaises qui y gagne, le sérieux que la société vénitienne mettait à cette investigation. Vendramini connaissait seul le secret d'Émilio, secret bien gardé entre deux hommes qui avaient réuni chez eux leurs écussons en mettant au-dessus : *Non amici, fratres*.

CHAPITRE II.

L'ouverture d'une saison est un événement à Venise comme dans toutes les autres capitales de l'Italie, aussi la Fenice était-elle pleine ce soir-là.

Les cinq heures de nuit que l'on passe au théâtre jouent un si grand rôle dans la vie italienne, qu'il n'est pas inutile d'expliquer les habitudes créées par cette manière d'employer le temps. En Italie, les loges diffèrent de celles des autres pays, en ce sens que partout ailleurs les femmes veulent être vues, et que les Italiennes se soucient fort peu de se donner en spectacle. Leurs loges forment un carré long également coupé en biais et sur le théâtre et sur le corridor. A droite et à gauche sont deux canapés, à l'extrémité desquels se trouvent deux fauteuils, l'un pour la maîtresse de la loge, l'autre pour sa compagne, quand elle en amène une. Ce cas est assez rare. Chaque femme est trop occupée chez elle pour faire des visites ou pour aimer à en recevoir; aucune d'ailleurs ne se soucie de se procurer une rivale. Ainsi, une Italienne y règne presque toujours sans partage : là, les mères ne sont point esclaves de leurs filles, les filles ne sont point embarrassées de leurs mères; en sorte que les femmes n'ont avec elles ni enfans ni parens qui les censurent, les espionnent, les ennuient ou se jettent à la traverse de leurs conversations. Sur le devant, toutes les loges sont drapées en soie d'une couleur et d'une façon uniformes; de cette draperie pendent des rideaux de même couleur qui restent fermés quand la famille à laquelle la loge appartient est en deuil. A quelques exceptions près, et à Milan seulement, les loges ne sont point éclairées intérieurement; elles ne tirent leur jour que de la scène ou d'un lustre peu lumineux, que, malgré de vives protestations, quelques villes ont laissé mettre dans la salle; mais, à la faveur des rideaux, elles sont encore assez obscures, et, par la manière dont elles sont disposées, le fond est assez ténébreux pour qu'il soit très difficile de savoir ce qui s'y passe. Ces loges, qui peuvent contenir environ huit à dix personnes, sont tendues en riches étoffes de soie, les plafonds sont agréablement peints et allégis par des couleurs claires, enfin les boiseries sont dorées; on y prend des glaces et des sorbets, on y croque des sucreries, car il n'y a plus que les gens de la classe moyenne qui y mangent. Chaque loge est une propriété immobilière d'un haut prix, il en est d'une valeur de trente mille livres; à Milan, la famille Litta en possède trois qui se suivent. Ces faits indiquent la haute importance attachée à ce détail de la vie oisive. La causerie est souveraine absolue dans cet espace, qu'un des écrivains les plus ingénieux de ce temps, et l'un de ceux qui ont le mieux observé l'Italie, Stendalh, a nommé un petit salon dont la fenêtre donne sur un parterre; en effet, la musique et les enchantemens de la scène sont purement accessoires, le grand intérêt est dans les conversations qui s'y tiennent, dans les grandes petites affaires de cœur qui s'y traitent, dans les rendez-vous qui s'y donnent, dans les récits et les observations qui s'y parfilent. Le théâtre est la réunion économique de toute une société qui s'examine et s'amuse d'elle-même.

Les hommes admis dans la loge se mettent les uns après les autres, dans l'ordre de leur arrivée, sur l'un ou l'autre sofa. Le premier venu se trouve naturellement auprès de la maîtresse de la loge ; mais quand les deux sofas sont occupés, s'il arrive une nouvelle visite, le plus ancien brise la conversation, se lève et s'en va ; chacun alors avance d'une place, et passe à son tour auprès de la souveraine. Ces causeries futiles, ces entretiens sérieux, cet élégant badinage de la vie italienne ne sauraient avoir lieu sans un laissez-aller général; aussi les femmes sont-elles libres d'être ou de n'être pas parées, elles sont si bien chez elles qu'un étranger admis dans leur loge peut les aller voir le lendemain dans leur maison. Le voyageur ne comprend pas de prime-abord cette vie de spirituelle oisiveté, ce *dolce far niente* embelli par la musique. Un long séjour, une habile observation peuvent seuls révéler à un étranger le sens de la vie italienne qui ressemble au ciel pur du pays, et où le riche ne veut pas un nuage. Le noble se soucie peu du maniement de sa fortune ; il laisse l'administration de ses biens à des intendans qui le volent et le ruinent; il n'a pas l'élément politique qui l'ennuierait bientôt; il vit donc uniquement par la passion, et il en remplit ses heures. De là, le besoin qu'éprouvent l'ami et l'amie, d'être toujours en présence pour se satisfaire ou pour se garder, car le grand secret de cette vie est l'amant tenu sous le regard pendant cinq heures par une femme qui l'a occupé durant la matinée. Les mœurs italiennes comportent donc une continuelle jouissance, et entraînent une étude des moyens propres à l'entretenir, cachée d'ailleurs sous une apparente insouciance. C'est une belle vie, mais une vie coûteuse, car dans aucun pays il ne se rencontre autant d'hommes usés.

La loge de la duchesse était au rez-de-chaussée, qui s'appelle à Venise *pepiano;* elle s'y plaçait toujours de manière à recevoir la lueur de la rampe, en sorte que sa belle tête, doucement éclairée, se détachait bien sur le clair-obscur. Elle attirait le regard par son front volumineux d'un blanc de neige, et couronné de ses nattes de cheveux noirs qui lui donnaient un air vraiment royal, par la finesse calme de ses traits qui rappelaient la tendre noblesse des têtes d'Andrea del Sarto, par la coupe de son visage et l'encadrement des yeux, par ses yeux de velours qui communiquaient le ravissement de la femme rêvant au bonheur, pure encore dans l'amour, majestueuse et jolie.

Au lieu de *Mosè* par où devait débuter la Tinti en compagnie de Genovese, l'on donnait *il Barbiere* où le tenor chantait sans la célèbre *prima donna*. L'*impresario* s'était dit contraint à changer le spectacle par une indisposition de la Tinti, et en effet le duc Cataneo ne vint pas au théâtre. Etait-ce un habile calcul de l'*impresario* pour obtenir deux pleines recettes, en faisant débuter Genovese et la Clarina l'un après l'autre, ou l'indisposition annoncée par la Tinti était-elle vraie? Là où le parterre pouvait discuter, Emilio devait avoir une certitude : mais quoique la nouvelle de cette indisposition lui causât quelques remords en lui rappelant la beauté de Clarina et sa brutalité, cette double absence mit également à l'aise le prince et la duchesse. Genovese chanta d'ailleurs de manière à chasser les souvenirs nocturnes de l'amour impur et à prolonger les saintes délices de cette suave journée. Heureux d'être seul à recueillir les applaudissemens, le ténor déploya les merveilles de ce talent devenu depuis européen. Genovese, alors âgé de vingt-trois ans, né à Bergame, élève de Velluti, passionné pour son art, bien fait, d'une agréable figure, habile à saisir l'esprit de ses rôles, annonçait déjà le grand artiste promis à la gloire et à la fortune. Il eut un succès fou, mot qui n'est juste qu'en Italie, où la reconnaissance d'un parterre a je ne sais quoi de frénétique pour qui lui donne une jouissance.

Quelques-uns des amis du prince vinrent le féliciter sur son héritage, et redire les nouvelles. La veille au soir, la Tinti, amenée par le duc Cataneo, avait chanté à la soirée de la

Vulpato où elle avait paru aussi bien portante que belle en voix, sa maladie improvisée excitait donc de grands commentaires. Selon les bruits du café Florian, Genovese était passionnément épris de la Tinti, la Tinti voulait se soustraire à ses déclarations d'amour, et l'entrepreneur n'avait pu les décider à paraître ensemble. A entendre le général autrichien, le duc seul était malade, la Tinti le gardait, et Genovese avait été chargé de consoler le parterre. La duchesse devait la visite du général à l'arrivée d'un médecin français qu'il avait voulu lui présenter. Le prince, apercevant Vendramin qui rôdait autour du parterre, sortit pour causer confidentiellement avec cet ami qu'il n'avait pas vu depuis trois mois, et tout en se promenant dans l'espace qui existe entre les banquettes des parterres italiens et les loges du rez-de-chaussée, il put examiner comment la duchesse accueillait l'étranger.

— Quel est ce Français, demanda le prince à Vendramin.

— Un médecin mandé par Cataneo, qui veut savoir combien de temps il peut vivre encore. Ce Français attend Malfatti, avec lequel la consultation aura lieu.

Comme toutes les dames italiennes qui aiment, la duchesse ne cessait de regarder Emilio, car en ce pays l'abandon d'une femme est si entier qu'il est difficile de surprendre un regard expressif détourné de sa source.

— *Caro*, dit le prince à Vendramin, songe que j'ai couché chez toi cette nuit.

— As-tu vaincu ? répondit Vendramin en serrant le prince par la taille.

— Non, repartit Emilio, mais je crois pouvoir être quelque jour heureux avec Massimilla.

— Eh bien, reprit Marco, tu seras l'homme le plus envié de la terre. La duchesse est la femme la plus accomplie de l'Italie. Pour moi, qui vois les choses d'ici-bas à travers les brillantes vapeurs de griseries intellectuelles, elle m'apparaît comme la plus haute expression de l'art, car vraiment la nature a fait en elle, sans s'en douter, un portrait de Raphaël. Votre passion ne déplaît pas à Cataneo, qui m'a bel et bien compté mille écus que j'ai à te remettre.

— Ainsi, reprit Emilio, quoique l'on te dise, je couche toutes les nuits chez toi. Viens, car une minute passée loin d'elle, quand je puis être près d'elle, est un supplice.

Emilio prit sa place au fond de la loge et y resta muet dans son coin à écouter la duchesse en jouissant de son esprit et de sa beauté. C'était pour lui et non par vanité que Massimilla déployait les graces de cette conversation prodigieuse d'esprit vénitien, où le sarcasme tombait sur les choses et non sur les personnes, où la moquerie frappait sur les sentimens moquables, où le sel attique accommodait les riens. Partout ailleurs, la Cataneo eût peutêtre été fatigante ; les Italiens, gens éminemment intelligens, aiment peu à tendre leur intelligence hors de propos ; chez eux, la causerie est tout unie et sans efforts, elle ne comporte jamais comme en France un assaut de maîtres d'armes où chacun fait briller son fleuret, et où celui qui n'a rien pu dire est humilié ; si chez eux la conversation brille, c'est par une satire molle et voluptueuse qui se joue avec grace de faits bien connus, et au lieu d'une épigramme qui peut compromettre, les Italiens se jettent un regard ou un sourire d'une indicible expression. Avoir à comprendre des idées là où ils viennent chercher des jouissances, est selon eux, et avec raison, un ennui. Aussi la Vulpato disait-elle à la Cataneo :

— Si tu l'aimais, tu ne causerais pas si bien. Emilio ne se mêlait jamais à la conversation, il écoutait et regardait. Cette réserve aurait fait croire à beaucoup d'étrangers que le prince était un homme nul, comme ils l'imaginent des Italiens épris, tandis que c'était tout simplement un amant enfoncé dans sa jouissance jusqu'au cou. Vendramin s'assit à côté du prince, en face du Français, qui, en sa qualité d'étranger, garda sa place au coin opposé à celui qu'occupait la duchesse.

— Ce monsieur est ivre, dit le médecin à voix basse à l'oreille de la Massimilla en examinant Vendramin.

— Oui, répondit simplement la Cataneo.

Dans ce pays de la passion, toute passion porte son excuse avec elle, et il existe une adorable indulgence pour tous les écarts. La duchesse soupira profondément et laissa paraître sur son visage une expression de douleur contrainte.

— Dans notre pays, il se voit d'étranges choses, monsieur! Vendramin vit d'opium, celui-ci vit d'amour, celui-là s'enfonce dans la science, la plupart des jeunes gens riches s'amourachent d'une danseuse, les gens sages thésaurisent; nous nous faisons tous un bonheur ou une ivresse.

— Parce que vous voulez tous vous distraire d'une idée fixe qu'une révolution guérirait radicalement, reprit le médecin. Le Génois regrette sa république, le Milanais veut son indépendance, le Piémontais souhaite le gouvernement constitutionnel, le Romagnol désire la liberté...

— Qu'il ne comprend pas, dit la duchesse. Hélas! il est des pays assez insensés pour souhaiter votre stupide charte qui tue l'influence des femmes. La plupart de mes compatriotes veulent lire vos productions françaises, inutiles billevesées; car, que trouve-t-on dans un livre qui soit meilleur que ce que nous avons au cœur? L'Italie est folle !

— Je ne vois pas qu'un peuple soit fou de vouloir être son maître, dit le médecin.

— Hé, répliqua vivement la duchesse, n'est-ce pas acheter au prix de bien du sang le droit de s'y disputer comme vous le faites pour de sottes idées.

— Vous aimez le despotisme! s'écria le médecin.

— Pourquoi n'aimerai-je pas un système de gouvernement qui, en nous ôtant les livres et la nauséabonde politique, nous laisse les hommes tout entiers.

— Je croyais les Italiens plus patriotes, dit le Français.

La duchesse se mit à rire si finement, que son interlocuteur ne sut plus distinguer la raillerie de la vérité, ni l'opinion sérieuse de la critique ironique.

— Ainsi, vous n'êtes pas libérale? dit-il.

— Dieu m'en préserve! fit-elle. Je ne sais rien de plus mauvais goût pour une femme que d'avoir une semblable opinion. Aimeriez-vous une femme qui porterait l'humanité dans son cœur?

— Les personnes qui aiment sont naturellement aristocrates, dit en souriant le général autrichien.

— En entrant au théâtre, reprit le Français, je vous vis la première, et je dis à Son Excellence que s'il était donné à une femme de représenter un pays, c'était vous; il m'a semblé apercevoir le génie de l'Italie, mais je vois à regret que si vous en offrez la sublime forme, vous n'en avez pas l'esprit... constitutionnel, ajouta-t-il.

— Ne devez-vous pas, dit la duchesse en lui faisant signe de regarder le ballet, trouver nos danseurs détestables, et nos chanteurs exécrables ! Paris et Londres nous volent tous nos grands talens. Paris les juge, et Londres les paie. Genovese, la Tinti ne nous resteront pas six mois...

En ce moment, le général sortit. Vendramin, le prince et deux autres Italiens échangèrent alors un regard et un sourire en se montrant le médecin français. Chose rare chez un Français, il douta de lui-même en croyant avoir dit ou fait une incongruité, mais il eut bientôt le mot de l'énigme.

— Croyez-vous, lui dit Vendramin, que nous serions prudens en parlant à cœur ouvert devant nos maîtres ?

— Vous êtes dans un pays esclave, dit la duchesse d'un son de voix et avec une attitude de tête qui lui rendirent tout-à-coup l'expression que lui déniait naguère le médecin. — Vendramin, dit-elle en parlant de manière à n'être entendue que de l'étranger, s'est mis à fumer de l'opium, maudite inspiration due à un Anglais, qui, par d'autres raisons que les siennes, cherchait une mort voluptueuse; non cette mort vulgaire à laquelle vous avez donné la forme d'un squelette, mais la mort parée des chiffons que vous nommez en France des drapeaux, et qui est une jeune fille couronnée de fleurs ou de lauriers : elle arrive au sein d'un nuage de poudre, portée sur le vent d'un boulet, ou couchée sur un lit entre deux courtisanes, elle s'élève encore de la fumée d'un bol de punch, ou des lutines vapeurs du diamant qui n'est encore qu'à l'état de charbon. Quand Vendramin le veut, pour trois livres autrichiennes, il se fait général vénitien, il monte les galères de la république, et va conquérir les coupoles dorées de Constantinople; il se roule alors sur les divans du sérail, au milieu des femmes du sultan devenu le serviteur de sa Venise triomphante. Puis il revient, rapportant pour restaurer son palais les dépouilles de l'empire turc; il passe des femmes de l'Orient aux intrigues doublement masquées de ses chères Vénitiennes, en redoutant les effets d'une jalousie qui n'existe plus. Pour trois livres autrichiennes, il se transporte au conseil des Dix, il en exerce la terrible judicature, s'occupe des plus graves affaires, et sort du palais ducal pour aller dans une gondole se coucher sous deux yeux de flamme, ou pour aller escalader un balcon auquel une main blanche a suspendu l'échelle de soie; il aime une femme à qui l'opium donne une poésie que nous autres femmes de chair et d'os ne pouvons lui offrir. Tout-à-coup en se retournant, il se trouve face à face avec le terrible visage du sénateur armé d'un poignard, il entend le poignard glissant dans le cœur de sa maîtresse qui meurt en lui souriant, car elle le sauve! Elle est bien heureuse, dit la duchesse en regardant le prince. Il s'échappe, et court commander les Dalmates, conquérir la côte illyrienne à sa belle Venise, où la gloire lui obtient sa grace, où il goûte la vie domestique : un foyer, une soirée d'hiver, une jeune femme, des enfans pleins de grace qui prient saint Marc sous la conduite d'une vieille bonne. Oui, pour trois livres d'opium il meuble notre arsenal vide, il voit partir et arriver des convois de marchandises envoyées ou demandées par les quatre parties du monde.

La moderne puissance de l'industrie n'exerce pas ses prodiges à Londres, mais dans sa Venise, où se reconstruisent les jardins suspendus de Sémiramis, le temple de Jérusalem, les merveilles de Rome. Enfin il agrandit le moyen-âge par le monde de la vapeur, par de nouveaux chefs-d'œuvre qu'enfantent les arts, protégés comme Venise les protégeait autrefois. Les monumens, les hommes, se pressent et tiennent dans son étroit cerveau, où les empires, les villes, les révolutions se déroulent et s'écroulent en peu d'heures, où Venise seule s'accroit et grandit ; car la Venise de ses rêves a l'empire de la mer, deux millions d'habitans, le sceptre de l'Italie, la possession de la Méditerranée et les Indes !

●

— Quel opéra qu'une cervelle d'homme, quel abîme peu compris, même par ceux qui en ont fait le tour, comme Gall, s'écria le médecin.

— Chère duchesse, dit Vendramin d'une voix caverneuse, n'oubliez pas le dernier service que me rendra mon élixir. Après avoir entendu des voix ravissantes, avoir saisi la musique par tous mes pores, avoir éprouvé de poignantes délices, et dénoué les plus chaudes amours du paradis de Mahomet, j'en suis aux images terribles. J'entrevois maintenant dans ma chère Venise des figures d'enfant contractées comme celles des mourans, des femmes couvertes d'horribles plaies, déchirées, plaintives; des hommes disloqués, pressés par les flancs cuivreux de navires qui s'entrechoquent. Je commence à voir Venise comme elle est, couverte de crêpes, nue, dépouillée, déserte. De pâles fantômes se glissent dans ses rues, déjà grimacent les soldats de l'Autriche, déjà ma belle vie rêveuse se rapproche de la vie réelle ; tandis qu'il y a six mois c'était la vie réelle qui était le mauvais sommeil, et la vie de l'opium était ma vie d'amour et de voluptés, d'affaires graves et de haute politique. Hélas! pour mon malheur, j'arrive à l'aurore de la tombe, où le faux et le vrai se réunissent en de douteuses clartés qui ne sont ni le jour ni la nuit, et qui participent de l'un et de l'autre.

— Vous voyez qu'il y a trop de patriotisme dans cette tète! dit le prince en posant sa main sur les touffes de cheveux noirs qui se pressaient au-dessus du front de Vendramin.

— Oh! s'il nous aime, dit Massimilla, il renoncera bientôt à son triste opium.

— Je le guérirai, dit le Français.

— Faites cette cure, et nous vous aimerons, dit Massimilla. Mais nous vous aimerons encore davantage, si vous ne nous calomniez point à votre retour en France. Pour être bien jugés, nous sommes trop énervés par de pesantes dominations, car nous avons connu la vôtre, ajouta-t-elle en souriant.

— Elle était plus généreuse que celle de l'Autriche, répliqua vivement le médecin.

— L'Autriche nous pressure sans rien nous rendre, et vous nous pressuriez pour agrandir et embellir nos villes, vous nous stimuliez en nous faisant des armées : vous comptiez garder l'Italie, et ceux-ci croient qu'ils la perdront, voilà toute la différence. Les Autrichiens nous donnent un bonheur stupéfiant et lourd comme eux, tandis que vous nous écrasiez de votre dévorante activité. Mais mourir par les toniques, ou mourir par les narcotiques, qu'importe! n'est-ce pas toujours la mort, monsieur le docteur?

— Pauvre Italie ! elle est à mes yeux comme une belle femme, à qui la France devrait servir de défenseur, en la prenant pour maîtresse, s'écria le médecin.

— Vous ne sauriez pas nous aimer à notre fantaisie, dit la duchesse en souriant. Nous voulons être libres, mais la liberté que je veux n'est pas votre ignoble et bourgeois libéralisme qui tuerait les arts. Je veux, dit-elle d'un son de voix qui fit tressaillir toute la loge, c'est-à-dire, je voudrais que chaque république italienne renaquît avec ses nobles, son peuple et ses libertés spéciales pour chaque caste. Je voudrais les anciennes républiques aristocratiques avec leurs luttes intestines; leurs rivalités, qui produisirent les plus belles œuvres de l'art, créèrent la politique, élevèrent les plus illustres maisons princières. Étendre l'action d'un gouvernement sur une grande surface de terre, c'est l'amoindrir. Les républiques italiennes ont été la gloire de l'Europe au moyen-âge. Pourquoi l'Italie a-t-elle succombé, là où les Suisses, ses portiers, ont vaincu?

— Les républiques suisses, dit le médecin, étaient de bonnes femmes de ménage occupées de leurs petites affaires, et qui n'avaient rien à s'envier; tandis que vous étiez des souveraines orgueilleuses; vous vous êtes vendues pour ne pas saluer vos voisines, et vous êtes tombées trop bas pour jamais vous relever. Les Guelphes triomphent!

— Ne nous plaignez pas trop, dit la duchesse d'une voix orgueilleuse qui fit palpiter les deux amis, nous vous dominons toujours! Du fond de sa misère, l'Italie règne par les hommes d'élite qui fourmillent dans ses cités. Malheureusement, la partie la plus considérable de nos génies arrive si rapidement à comprendre la vie, qu'ils s'ensevelissent dans une paisible jouissance. Quant à ceux qui veulent jouer au triste jeu de l'immortalité, ils savent bien saisir votre or et mériter votre admiration. Oui, dans ce pays, dont l'abaissement est déploré par de niais voyageurs et par des poètes hypocrites, dont le caractère est calomnié par les politiques, dans ce pays qui paraît énervé, sans puissance, en ruines, vieilli plutôt que vieux, il se trouve en toute chose de puissans génies qui poussent de vigoureux rameaux, comme sur un ancien plant de vigne s'élancent des jets où viennent de délicieuses grappes. Ce peuple d'anciens souverains donne encore des rois qui s'appellent Lagrange, Volta, Rasori, Canova, Rossini, Bartolini, Libri, Galvani, Vigano, Beccaria, Cicognara, Corvetto. Ces Italiens dominent le point de la science humaine sur lequel ils se fixent, ou régentent l'art auquel ils s'adonnent. Sans parler des chanteurs, des cantatrices, et des exécutans qui imposent l'Europe par une perfection inouie, comme Taglioni, Paganini, etc., l'Italie règne encore sur le monde, qui viendra toujours l'adorer. Allez ce soir à Florian, vous trouverez dans Capraja l'un de nos hommes d'élite, mais amoureux de l'obscurité. Nul, excepté le duc Cataneo, mon maître, ne comprend mieux que lui la musique ; aussi l'a-t-on nommé ici *il fanatico!*

Après quelques instans, pendant lesquels la conversation s'anima entre le Français et la duchesse, qui se montra finement éloquente, les Italiens se retirèrent un à un. Quand le Français se vit seul entre le prince et la duchesse, il comprit qu'il fallait les laisser seuls, et sortit. Massimilla salua le médecin par une inclination de tête qui le mettait si loin d'elle, que ce geste aurait pu lui attirer la haine de cet homme, s'il eût pu méconnaître le charme de sa parole et de sa beauté. Vers la fin de l'opéra, Emilio fut donc seul avec la Cataneo ; tous deux se prirent la main, et entendirent ainsi le duo qui termine le *Barbier*.

— Il n'y a que la musique pour exprimer l'amour, dit la duchesse émue par ce chant de deux rossignols heureux.

Une larme mouilla les yeux d'Emilio ; Massimilla sublime de la beauté qui reluit dans la sainte Cécile de Raphaël, lui pressait la main, leurs genoux se touchaient, elle avait comme un baiser en fleur sur les lèvres. Le prince croyait voir sur les joues éclatantes de sa maîtresse un flamboiement joyeux pareil à celui qui s'élève par un jour d'été au-dessus des moissons dorées, il avait le cœur oppressé par tout son sang qui y affluait; il croyait entendre un concert de voix angéliques, il aurait donné sa vie pour ressentir le désir que lui avait inspiré la veille, à pareille heure, la détestée Clarina; mais il ne se sentait même pas avoir un corps. Cette larme, la Massimilla malheureuse l'attribua, dans son innocence, à la parole que venait de lui arracher la cavatine de Genovese.

— *Carino*, dit-elle à l'oreille d'Emilio, n'es-tu pas au-dessus des expressions amoureuses autant que la cause est supérieure à l'effet?

Après avoir mis la duchesse dans sa gondole, Emilio attendit Vendramin pour aller à Florian.

Le café Florian est à Venise une indéfinissable institution. Les négocians y font leurs affaires, les avocats y donnent des rendez-vous pour y traiter leurs consultations les plus épineuses. Florian est tout à la fois une Bourse, un foyer de théâtre, un cabinet de lecture, un club, un confessionnal, et convient si bien à la simplicité des affaires actuelles, que certaines femmes vénitiennes ignorent complètement le genre d'occupations de leurs maris, car s'ils ont une lettre à faire, ils vont l'écrire à ce café. Naturellement les espions abondent à Florian, mais leur présence aiguise le génie vénitien, qui peut dans ce lieu exercer cette prudence autrefois si célèbre. Beaucoup de personnes passent toute leur journée à Florian ; enfin Florian est un tel besoin pour certaines gens, que pendant les entr'actes, ils quittent la loge de leurs amies pour y faire un tour et savoir ce qui s'y dit.

Tant que les deux amis marchèrent dans les petites rues de la Merceria, ils gardèrent le silence; car il y avait trop de compagnie; mais, en débouchant sur la place Saint-Marc, le prince dit : — N'entrons pas encore au café, promenons-nous. J'ai à te parler.

Il lui raconta son aventure avec la Tinti, et la situation dans laquelle il se trouvait. Le désespoir d'Emilio parut à Vendramin si voisin de la folie qu'il lui promit une guérison complète, s'il voulait lui donner carte blanche auprès de Massimilla. Cette espérance vint à propos pour empêcher Emilio de se noyer pendant la nuit, car au souvenir de la cantatrice il éprouvait une effroyable envie de retourner chez elle. Tous deux allèrent dans le salon le plus reculé du café Florian y écouter cette conversation vénitienne qu'y tiennent quelques hommes d'élite, en résumant les événemens du jour. Les sujets dominans furent d'abord la personnalité de lord Byron, de qui les Venitiens se moquèrent finement ; puis l'attachement de Cataneo pour la Tinti, dont les causes parurent inexplicables, après avoir été expliquées de vingt façons différentes ; enfin le début de Genovese.

Le duc Cataneo se présenta dans le salon au moment où la conversation devenait passionnément musicale. Il fit, ce qui ne fut pas remarqué tant la chose parut naturelle, un salut plein de courtoisie à Emilio, qui le lui rendit gravement. Cataneo chercha s'il y avait quelque personne de connaissance ; il avisa Vendramin et le salua, puis son banquier, patricien fort riche, et enfin celui qui parlait en ce moment, un mélomane célèbre, ami de la comtesse Albrizzi, et dont l'existence, comme celle de quelques habitués de Florian, était totalement inconnue, tant elle était soigneusement cachée : on n'en connaissait que ce qu'il en livrait à Florian. C'était Capraja, l'homme de qui la duchesse avait dit quelques mots au médecin français.

Ce Vénitien appartenait à cette classe de rêveurs qui devinent tout par la puissance de leur pensée. Théoricien fantasque, il se souciait autant de renommée que d'une pipe cassée. Sa vie était en harmonie avec ses opinions. Capraja se montrait sous les procuraties vers dix heures du matin, sans qu'on sût d'où il vînt, il flânait dans Venise et s'y promenait en fumant des cigares ; il allait régulièrement à la Fenice, s'asseyait au parterre, et dans les entr'actes venait à Florian, où il prenait trois ou quatre tasses de café par jour ; le reste de sa soirée s'achevait dans ce salon, qu'il quittait vers deux heures du matin. Douze cents francs satisfaisaient à tous ses besoins : il ne faisait qu'un seul repas chez un pâtissier de la Merceria qui lui tenait son dîner prêt à une certaine heure sur une petite table au fond de sa boutique; la fille du pâtissier lui accommodait elle-même des huîtres farcies, l'approvisionnait de cigares, et avait soin de son argent. D'après son conseil, cette pâtissière, quoique très belle, n'écoutait aucun amoureux, vivait sagement, et conservait l'ancien costume des Vénitiennes. Elle avait douze ans quand il s'y intéressa, et vingt-six ans quand il mourut; elle l'aimait beaucoup, quoiqu'il ne lui eût jamais baisé ni la main, ni le front, et qu'elle ignorât complétement les intentions de ce pauvre vieux noble. Cette fille avait fini par prendre sur lui l'empire absolu d'une mère sur son enfant: elle l'avertissait de changer de linge; le lendemain, Capraja venait sans chemise, elle lui en donnait une blanche qu'il emportait et mettait le jour suivant. Il ne regardait jamais une femme, soit au théâtre, soit en se promenant. Quoique issu d'une vieille famille patricienne, sa noblesse ne lui paraissait pas valoir une parole; le soir après minuit, il se réveillait de son apathie, causait et montrait qu'il avait tout observé, tout écouté. Ce Diogène passif et incapable d'expliquer sa doctrine, moitié turc, moitié vénitien, était gros, court et gras; il avait le nez pointu d'un doge, le regard satyrique d'un inquisiteur, une bouche prudente quoique rieuse. A sa mort, on apprit qu'il demeurait, proche San-Benedetto, dans un bouge. Riche de deux millions dans les fonds publics de l'Europe, il en laissa les intérêts dus depuis le placement primitif fait en 1814, ce qui produisait une somme énorme tant par l'augmentation du capital que par l'accumulation des intérêts. Cette fortune fut léguée à la jeune pâtissière.

— Genovese, disait-il, ira fort loin. Je ne

sais s'il comprend la destination de la musique ou s'il agit par instinct ; mais voici le premier chanteur qui m'ait satisfait. Je ne mourrai donc pas sans avoir entendu des roulades exécutées comme j'en ai souvent écouté dans certains songes au réveil desquels il me semblait voir voltiger les sons dans les airs. La roulade est la plus haute expression de l'art, c'est l'arabesque qui orne le plus bel appartement du logis : un peu moins, il n'y a rien ; un peu plus, tout est confus. Chargée de réveiller dans votre ame mille idées endormies, elle s'élance, elle traverse l'espace en semant dans l'air ses germes qui, ramassés par les oreilles, fleurissent au fond du cœur. Croyez-moi ? en faisant sa Sainte-Cécile, Raphaël a donné la priorité à la musique sur la poésie. Il a raison : la musique s'adresse au cœur, tandis que les écrits ne s'adressent qu'à l'intelligence; elle communique immédiatement ses idées à la manière des parfums. La voix du chanteur vient frapper en nous non pas la pensée, non pas les souvenirs de nos félicités, mais les alimens de la pensée, et fait mouvoir les principes même de nos sensations. Il est déplorable que le vulgaire ait forcé les musiciens à plaquer leurs expressions sur des paroles, sur des intérêts factices ; mais il est vrai qu'ils ne seraient plus compris par la foule. La roulade est donc l'unique point laissé aux amis de la musique pure, aux amoureux de l'art tout nu. En entendant ce soir la dernière cavatine, je me suis cru convié par une belle fille qui par un seul regard m'a rendu jeune : l'enchanteresse m'a mis une couronne sur la tête et m'a conduit à cette porte d'ivoire par où l'on entre dans le pays mystérieux de la rêverie. Je dois à Genovese d'avoir quitté ma vieille enveloppe pour quelques momens, courts à la mesure des montres et bien longs par les sensations. Pendant un printemps embaumé par les roses, je me suis trouvé jeune, aimé !

— Vous vous trompez, caro Capraja, dit le duc. Il existe en musique un pouvoir plus magique que celui de la roulade.

— Lequel ? dit Capraja.

— L'accord de deux voix ou d'une voix et du violon, l'instrument dont l'effet se rapproche le plus de la voix humaine, répondit le duc. Cet accord parfait nous mène plus avant dans le centre de la vie sur le fleuve d'élémens qui ranime les voluptés et porte l'homme au milieu de la sphère lumineuse où sa pensée peut convoquer le monde entier. Il te faut encore un thème, Capraja, mais à moi le principe pur suffit ; tu veux que l'eau passe par les mille canaux du machiniste pour retomber en gerbes éblouissantes ; tandis que je me contente d'une eau calme et pure : mon œil parcourt une mer sans rides, je sais embrasser l'infini !

— Tais-toi, Cataneo, dit orgueilleusement Capraja. Comment, ne vois-tu pas la fée qui, dans sa course agile à travers une lumineuse atmosphère, y rassemble, avec le fil d'or de l'harmonie, les mélodieux trésors qu'elle nous jette en souriant? N'as-tu jamais senti le coup de baguette magique avec laquelle elle dit à la Curiosité : lève-toi ! La déesse se dresse radieuse du fond des abîmes du cerveau ; elle court à ses cases merveilleuses, les effleure comme un organiste frappe ses touches ; soudain s'élancent les souvenirs, ils apportent les roses du passé, conservées divinement et toujours fraîches. Ta jeune maîtresse revient et caresse de ses mains blanches tes cheveux de jeune homme; ton cœur trop plein déborde, tu revois les rives fleuries des torrens de l'amour ; tous les buissons ardens de la jeunesse flambent et redisent leurs mots divins jadis entendus et compris! Et la voix roule, elle resserre dans ses évolutions rapides ces horizons fuyans, elle les amoindrit; ils disparaissent éclipsés par de nouvelles, par de plus profondes joies, celles d'un avenir inconnu que la fée montre du doigt en s'enfuyant dans son ciel bleu.

— Et toi, répondit Cataneo, n'as-tu donc jamais vu la lueur directe d'une étoile t'ouvrir les abîmes supérieurs, et n'as-tu jamais monté sur ce rayon qui vous emporte dans le ciel au milieu des principes qui meuvent les mondes?

Pour tous les auditeurs, le duc et Capraja jouaient un jeu dont les conditions n'étaient pas connues.

— La voix de Genoyese s'empare des fibres, dit Capraja.

— Et celle de la Tinti s'attaque au sang, répondit le duc.

— Quelle paraphrase de l'amour heureux dans cette cavatine ! reprit Capraja. Ah ! il était jeune, Rossini, quand il écrivit ce thème pour le plaisir qui bouillonne ! Mon cœur s'est empli de sang frais, mille désirs ont pétillé dans mes veines. Jamais sons plus angéliques ne m'ont mieux dégagé de mes liens corporels, jamais la fée n'a montré de plus beaux bras, n'a souri plus amoureusement, n'a mieux relevé sa tunique en me levant le rideau sous lequel se cache mon autre vie.

— Demain, mon vieil ami, répondit le duc, tu monteras sur le dos d'un cygne éblouissant qui te montrera la plus riche terre, tu verras le printemps comme le voient les enfans. Ton cœur recevra la lumière sidérale d'un soleil nouveau, tu te coucheras sur une soie rouge, sous les yeux d'une madone, tu seras comme un amant heureux mollement caressé par une volupté dont les pieds nus se voient encore et qui va disparaître. Le cygne sera la voix de Genovese s'il peut s'unir à sa Léda, la voix de la Tinti. Demain *Mosè*, le plus immense opéra qu'ait enfanté le plus beau génie de l'Italie.

Chacun laissa causer le duc et Capraja, ne voulant pas être dupe d'une mystification. Vendramin seul et le médecin français les écoutèrent pendant quelques instans : le fumeur d'opium entendait cette poésie, il avait la clé du palais où se promenaient ces deux imaginations voluptueuses; le médecin cherchait à comprendre et comprit.

— Tu les entends? dit Emilio à Vendramin

en sortant du café vers deux heures du matin.

— Oui, cher Emilio, lui répondit Vendramin en l'emmenant chez lui. Ces deux hommes appartiennent à la légion des esprits purs qui peuvent se dépouiller ici-bas de leurs larves de chair, et savent voltiger à cheval sur le corps de la reine des sorcières, dans les cieux d'azur où se déploient les sublimes merveilles de la vie morale : ils vont dans l'art là où te conduit ton extrême amour, là où me mène l'opium. Ils ne peuvent plus être entendus que par leurs pairs. Moi de qui l'ame est exaltée par un triste moyen, moi qui fait tenir cent ans d'existence en une seule nuit, je puis les entendre quand ils parlent du pays magnifique appelé le pays des chimères par ceux qui se nomment sages, appelé le pays des réalités par nous autres qu'on nomme fous. Eh bien, le duc et Capraja, qui se sont jadis connus à Naples, où est né Cataneo, sont fous de musique.

— Mais quel singulier système Capraja voulait-il expliquer à Cataneo, demanda le prince? Toi qui comprends tout, l'as-tu compris?

— Oui, dit Vendramin. Capraja s'est lié avec un musicien de Crémone, logé au palais Capello, lequel musicien croit que les sons rencontrent en nous-mêmes une substance analogue à celle qui engendre les phénomènes de la lumière, et qui chez nous produit les idées. Selon lui, l'homme a des touches intérieures que les sons affectent, et qui correspondent à nos centres nerveux d'où s'élancent nos sensations et nos idées! Capraja, qui voit dans les arts la collection des moyens par lesquels l'homme peut mettre en lui-même la nature extérieure d'accord avec une merveilleuse nature, une vie intérieure, a partagé les idées de ce facteur d'instrumens qui fait en ce moment un opéra. Imagine une création sublime où les merveilles de la création visible sont reproduites avec un grandiose, une légèreté, une rapidité, une étendue incommensurable, où les sensations sont infinies, et où peuvent pénétrer certaines organisations privilégiées qui possèdent une divine puissance, tu auras alors une idée des jouissances extatiques dont parlaient Cataneo et Capraja, poètes pour eux seuls. Mais aussi, dès que dans les choses de la nature morale, un homme vient à dépasser la sphère où s'enfantent les œuvres plastiques par les procédés de l'imitation, pour entrer dans le royaume tout spirituel des abstractions où tout se contemple dans son principe, et s'aperçoit alors dans l'omnipotence des résultats ; cet homme n'est-il plus compris par les intelligences ordinaires.

— Tu viens d'expliquer mon amour pour la Massimilla, dit Emilio. Cher, il est en moi-même une puissance qui se réveille au feu de ses regards, à son moindre contact, et me jette en un monde de lumière où se développent des effets dont je n'osais te parler. Il m'a souvent semblé que le tissu délicat de sa peau empreignit des fleurs sur la mienne quand sa main se pose sur ma main. Ses paroles répondent en moi à ces touches intérieures dont tu parles. Le désir soulève mon crâne en y remuant ce monde invisible au lieu de soulever mon corps inerte; et l'air devient alors rouge et pétille, des parfums inconnus et d'une force inexprimable détendent mes nerfs, des roses me tapissent les parois de la tête, et il me semble que mon sang s'écoule par toutes mes artères ouvertes, tant ma langueur est complète.

— Ainsi fait mon opium fumé, répondit Vendramin.

— Tu veux donc mourir? dit avec terreur Emilio.

— Avec Venise, fit Vendramin en étendant la main vers Saint-Marc. Vois-tu un seul de ces clochetons et de ces aiguilles qui soit droit? Ne comprends-tu pas que la mer va demander sa proie?

Le prince baissa la tête et n'osa lui parler d'amour. Il faut voyager chez les nations conquises pour savoir ce qu'est une patrie libre.

En arrivant au palais Vendramini, le prince

et Marco virent une gondole arrêtée à la porte
d'eau, le prince prit Vendramin par la taille,
et le serra tendrement en lui disant :

— Une bonne nuit, cher.

— Moi, une femme, quand je couche avec
Venise, s'écria Vendramin.

En ce moment le gondolier appuyé contre
une colonne regarda les deux amis, reconnut
celui qui lui avait été signalé, et dit à l'oreille
du prince :

— La duchesse, Monseigneur.

Emilio sauta dans la gondole où il fut enlacé
par des bras de fer, mais souples, et attiré sur
les coussins où il sentit le sein palpitant d'une
femme amoureuse. Aussitôt le prince ne fut

plus Emilio, mais l'amant de la Tinti, car ses sensations furent si étourdissantes qu'il tomba comme stupéfié par le premier baiser.

— Pardonne-moi cette tromperie, mon amour, lui dit la Sicilienne. Je meurs si je ne t'emmène !

La gondole vola sur les eaux discrètes.

CHAPITRE III.

CHAPTER III

Le lendemain soir, à sept heures et demie, les spectateurs étaient à leurs mêmes places au théâtre, à l'exception des personnes du parterre qui s'asseyent toujours au hasard. Le vieux Capraja se trouvait dans la loge de Cataneo. Avant l'ouverture, le duc vint faire une visite à la duchesse ; il affecta de se tenir près d'elle et de laisser Emilio sur le devant de la loge, à côté de Massimilla. Il dit quelques phrases insignifiantes, sans sarcasmes, sans amertume, et d'un air aussi poli que s'il se fût agi d'une visite à une étrangère.

Malgré ses efforts pour paraître aimable et naturel, le prince ne put changer sa physionomie qui était horriblement soucieuse. Les indifférens durent attribuer à la jalousie une si forte altération dans ses traits, habituellement calmes. La duchesse partageait sans doute les émotions d'Emilio, elle montrait un front morne, elle était visiblement abattue. Le duc, très embarrassé entre ces deux bouderies, profita de l'entrée du Français pour sortir.

— Monsieur, dit Cataneo à son médecin avant de laisser retomber la portière de la loge, vous allez entendre un immense poème musical assez difficile à comprendre du premier coup; mais je vous laisse auprès de madame la duchesse qui, mieux que personne, peut vous l'interpréter, elle est mon élève.

Le médecin fut frappé comme le duc de l'expression peinte sur le visage des deux amans, et qui annonçait un désespoir maladif.

— Un opéra italien a donc besoin d'un cicérone? dit-il à la duchesse en souriant.

Ramenée par cette demande à ses obligations de maîtresse de loge, la duchesse essaya de chasser les nuages qui pesaient sur son front, et répondit en saisissant avec empressement un sujet de conversation où elle pût déverser son irritation intérieure.

— Ce n'est pas un opéra, monsieur, répondit-elle, mais un oratorio, œuvre qui ressemble effectivementt à l'un de nos plus magnifiques édifices, et où je vous guiderai volontiers. Croyez-moi, ce ne sera pas trop que d'accorder à notre grand Rossini toute votre intelligence, car il faut être à la fois poëte et musicien pour comprendre la portée d'une pareille musique. Vous appartenez à une nation dont la langue et le génie sont trop positifs pour qu'elle puisse entrer de plain-pied dans la musique; mais la France est aussi trop compréhensive pour ne pas finir par l'aimer, par la cultiver; et vous y réussirez comme en toute chose. D'ailleurs, il faut reconnaître que la musique, comme l'ont créée Lulli, Rameau, Mozart, Beethoven, Haydn, Cimarosa, Paësiello, Rossini, comme la continueront de beaux génies à venir, est un art nouveau, inconnu aux générations passées, lesquelles n'avaient pas autant d'instrumens que nous en possédons maintenant et qui ne savaient rien de l'harmonie sur laquelle aujourd'hui s'appuient les fleurs de la mélodie, comme sur un riche terrain. Un art si neuf exige des études chez les masses, études qui développeront le sentiment auquel s'adresse la musique. Ce sentiment existe à peine chez vous, peuple occupé de théories philosophiques, d'analyse, de discussions, et toujours troublé par des divisions intestines. La musique moderne, qui veut une paix profonde, est la langue des ames tendres, amoureuses, enclines à une noble exaltation intérieure. Cette langue, mille fois plus riche que celle des mots, est au langage ce que la pensée est à la parole ; elle réveille les sensations, et les idées sous leur forme même, là où chez nous naissent les idées et les sensations, mais en les laissant ce qu'elles sont chez chacun. Cette puissance sur notre intérieur est une des grandeurs de la musique. Les autres arts imposent à l'esprit des créations définies, la musique est infinie dans les siennes.

Nous sommes obligés d'accepter les idées du poète, le tableau du peintre, la statue du sculpteur; mais chacun de nous interprète la musique au gré de sa douleur ou de sa joie, de ses espérances ou de son désespoir. Là où les autres arts cerclent nos pensées en les fixant sur une chose déterminée, la musique les déchaîne sur la nature entière qu'elle a le pouvoir de nous exprimer. Vous allez voir comment je comprends le Moïse !

Elle se pencha vers le médecin afin de pouvoir lui parler et de n'être entendue que de lui.

— Moïse est le libérateur d'un peuple esclave ! lui dit-elle, souvenez-vous de cette pensée, et vous verrez avec quel religieux espoir la Fenice tout entière écoutera la prière des Hébreux délivrés, et par quel tonnerre d'applaudissemens elle y répondra !

Emilio se jeta dans le fond de la loge au moment où le chef d'orchestre leva son archet. La duchesse indiqua du doigt au médecin la place abandonnée par le prince pour qu'il la prît. Mais le Français était plus intrigué de connaître ce qui s'était passé entre les deux amans que d'entrer dans le palais musical élevé par l'homme que l'Italie entière applaudissait alors, car alors Rossini triomphait dans son propre pays. Le Français observa la duchesse qui parla sous l'empire d'une agitation nerveuse et lui rappela la Niobé qu'il venait d'admirer à Florence : même noblesse dans la douleur, même impassibilité physique; cependant l'ame jetait un reflet dans le chaud coloris de son teint, et ses yeux où s'éteignit la langueur sous une expression fière, séchaient leurs larmes par un feu violent. Ses douleurs contenues se calmaient quand elle regardait Emilio, qui la tenait sous un regard fixe. Certes il était facile de voir qu'elle voulait attendrir un désespoir farouche. La situation de son cœur imprima je ne sais quoi de grandiose à son esprit. Comme la plupart des femmes, quand elles sont pressées par une exaltation extraordinaire, elle sortit de ses limites habituelles et eut quelque chose de la Pythonisse, tout en demeurant noble et grande, car ce fut la forme de ses idées, et non sa figure qui se tordit désespérément. Peut-être voulait-elle briller de tout son esprit pour donner de l'attrait à la vie et y retenir son amant.

Quand l'orchestre eut fait entendre les trois accords en *ut* majeur que le maître a placés en tête de son œuvre pour faire comprendre que son ouverture sera chantée, car la véritable ouverture est le vaste thême parcouru depuis cette brusque attaque jusqu'au moment où la lumière apparait au commandement de Moïse, la duchesse ne put réprimer un mouvement convulsif qui prouvait combien cette musique était en harmonie avec sa souffrance cachée.

— Comme ces trois accords vous glacent, dit-elle. On s'attend à de la douleur. Ecoutez attentivement cette introduction qui a pour sujet la terrible élégie d'un peuple frappé par la main de Dieu. Quels gémissemens! Le roi, la reine, leur fils ainé, les grands, tout le peuple soupire. Ils sont atteints dans leur orgueil, dans leurs conquêtes, arrêtés dans leur avidité. Cher Rossini, tu as bien fait de jeter cet os à ronger aux *tedeschi* qui nous refusaient le don de l'harmonie et la science! Vous allez entendre la sinistre mélodie qu'il a fait rendre à cette profonde composition harmonique comparable à ce que les Allemands ont de plus compliqué, mais d'où il ne résulte ni fatigue ni ennui pour nos ames. Vous autres Français qui avez accompli naguère la plus sanglante des révolutions, chez qui l'aristocratie fut écrasée sous la pate du lion populaire, le jour où cet oratorio sera exécuté chez vous, vous comprendrez cette magnifique plainte des victimes d'un Dieu qui venge son peuple. Un Italien pouvait seul écrire ce thème fécond, inépuisable et tout dantesque. Croyez-vous que ce ne soit rien que de rêver la vengeance pendant un moment? Vieux maîtres allemands, Hændel, Sébastien Bach, et toi-même Beethoven, à genoux, voici la reine des arts, voici l'Italie triomphante!

La duchesse avait pu dire ces paroles pendant le lever du rideau. Le médecin entendit alors la sublime symphonie par laquelle le compositeur a ouvert cette vaste scène biblique. Il s'agit de la douleur de tout un peuple. La douleur est une dans son expression, surtout quand il s'agit de souffrances physiques.

Aussi, après avoir instinctivement deviné, comme tous les hommes de génie, qu'il ne devait y avoir aucune variété dans les idées, le musicien, une fois sa phrase capitale trouvée, l'a-t-il promenée de tonalités en tonalités, en groupant les masses et ses personnages sur ce motif par des modulations et par des cadences d'une admirable souplesse. La puissance se reconnait à cette simplicité. L'effet de cette phrase qui peint les sensations du froid et de la nuit chez un peuple incessamment baigné par les ondes lumineuses du soleil, et que le peuple et ses rois répètent, est saisissant. Ce lent mouvement musical a je ne sais quoi d'impitoyable. Cette phrase fraîche et douloureuse est comme une barre tenue par quelque bourreau céleste qui la fait tomber sur les membres de tous ces patiens par temps égaux. A force de l'entendre allant d'*ut* mineur en *sol* mineur, rentrant en *ut* pour revenir à la dominante *sol*, et reprendre en *fortissime* sur la tonique *mi* bémol, arriver en *fa* majeur et retourner en *ut* mineur, toujours de plus en plus chargée de terreur, de froid et de ténèbres, l'ame du spectateur finit par s'associer aux impressions exprimées par le musicien. Aussi le Français éprouva-t-il la plus vive émotion quand arriva l'explosion de toutes ces douleurs réunies qui crient :

O nume d'Israël!
Se brami in liberta
Il popol tuo fedel
Di lui, di noi pieta.

(O Dieu d'Israël, si tu veux que ton peuple fidèle sorte d'esclavage, daigne avoir pitié de lui et de nous !)

Jamais il n'y eut une plus grande synthèse

des effets naturels, une idéalisation plus complète de la nature. Dans les grandes infortunes nationales, chacun se plaint long-temps séparément; puis il se détache sur la masse, çà et là, des cris de douleur plus ou moins violens; enfin, quand la misère a été sentie par tous, elle éclate comme une tempête. Une fois entendus sur leur plaie commune, les peuples changent alors leurs cris sourds en des cris d'impatience. Ainsi a procédé Rossini. Après l'explosion en *ut* majeur, le Pharaon chante son sublime récitatif de :

Mano ultrice di un dio!

(Dieu vengeur, je te reconnais trop tard!)

Le thème primitif prend alors un accent plus vif: l'Égypte entière appelle Moïse à son secours.

La duchesse avait profité de la transition nécessitée par l'arrivée de Moïse et d'Aaron pour expliquer ainsi ce beau morceau.

— Qu'ils pleurent, ajouta-t-elle passionnément, ils ont fait bien des maux. Expiez, Égyptiens, expiez les fautes de votre cour insensée ! Avec quel art ce grand peintre a su employer toutes les couleurs brunes de la musique et tout ce qu'il y a de tristesse sur la palette musicale ? Quelles froides ténèbres ! quelles brumes ! N'avez-vous pas l'ame en deuil ? n'êtes-vous pas convaincu de la réalité des nuages noirs qui couvrent la scène ? Pour vous, les ombres les plus épaisses n'enveloppent-elles pas la nature ? Il n'y a ni palais égyptiens, ni palmiers, ni paysages. Aussi quel bien vous feront à l'ame les notes profondément religieuses du médecin céleste qui va guérir cette cruelle plaie ! Comme tout est gradué pour arriver à cette magnifique invocation de Moïse à Dieu ! Par un savant calcul dont les analogies vous seront expliquées par Capraja, cette invocation n'est accompagnée que par les cuivres. Ces instrumens donnent à ce morceau sa grande couleur religieuse. Non-seulement cet artifice est admirable ici, mais encore voyez combien le génie est fécond en ressources, Rossini a tiré des beautés neuves de l'obstacle qu'il se créait. Il a pu réserver les instrumens à cordes pour exprimer le jour quand il va succéder aux ténèbres et arriver ainsi à l'un des plus puissans effets connus en musique. Jusqu'à cet inimitable génie, avait-on jamais tiré un pareil parti du récitatif? il n'y a pas encore un air ni un duo. Le poëte s'est soutenu par la force de la pensée, par la vigueur des images, par la vérité de sa déclamation. Cette scène de douleur, cette nuit profonde, ces cris de désespoir, ce tableau musical est beau comme le Déluge de votre grand Poussin.

L'homme divin agita sa baguette, le jour parut.

— Ici, monsieur, la musique ne lutte-t-elle pas avec le soleil dont elle a emprunté l'éclat, avec la nature entière dont elle rend les phénomènes dans les plus légers détails? reprit la duchesse à voix basse. L'art atteint à son apogée, aucun musicien n'ira plus loin. Entendez-vous l'Égypte se réveillant après ce long engourdissement? Le bonheur se glisse partout avec le jour. Dans quelle œuvre ancienne ou contemporaine rencontrerez-vous une aussi grande page? la plus splendide joie opposée à la plus profonde tristesse? Quels cris! quelles notes sautillantes! comme l'ame oppressée respire, quel délire, quel *tremolo* dans cet orchestre, le beau tutti ; c'est la joie d'un peuple sauvé ! Ne tressaillez-vous pas de plaisir ?

Le médecin, surpris par ce contraste, un des plus magnifiques de la musique moderne, battit des mains, emporté par son admiration.

— Bravo la Doni ! fit Vendramin qui avait écouté.

— L'introduction est finie, reprit la duchesse. Vous venez d'éprouver une sensation violente, dit-elle au médecin, le cœur vous bat, vous avez vu dans les profondeurs de votre imagination le plus beau soleil inondant de ses torrens de lumière tout un pays, morne et froid naguères. Sachez maintenant comment s'y est pris le musicien, afin de pouvoir l'admirer demain dans les secrets de son génie après en avoir aujourd'hui subi l'influence. Que croyez-vous que soit ce morceau du lever du soleil, si varié, si brillant, si complet? Il consiste dans un simple accord d'*ut*, répété sans cesse, et auquel Rossini n'a mêlé qu'un accord de quart de sixte. En ceci éclate la magie de son faire. Il a procédé, pour vous peindre l'arrivée de la lumière, par le moyen qu'il employait pour vous peindre les ténèbres et la douleur. Cette aurore en images est absolument pareille à une aurore naturelle. La lumière est une seule et même substance, partout semblable à elle-même, et dont les effets ne sont variés que par les objets qu'elle rencontre; eh bien! le musicien a choisi pour la base de sa musique un unique motif, un simple accord d'*ut*. Le soleil apparaît d'abord et verse ses rayons sur les cimes, puis de là dans les vallées; de même l'accord poind sur la première corde des premiers violons avec une douceur boréale, il se répand dans l'orchestre, il y anime un à un tous les instrumens, il s'y déploie. Comme la lumière va colorant de proche en proche les objets, il va réveillant chaque source d'harmonie jusqu'à ce que toutes ruissellent dans le *tutti*. Les violons, que vous n'aviez pas encore entendus, ont donné le signal par leur doux *tremolo*, vaguement agité comme les premières ondes lumineuses. Ce joli, ce gai mouvement presque lumineux qui vous a caressé l'ame, l'habile musicien l'a plaqué d'accords de basse, par une fanfare indécise des cors contenus dans leurs notes les plus sourdes, afin de vous bien peindre les dernières ombres fraîches qui teignent les vallées pendant que les premiers feux se jouent dans les cimes. Puis les instrumens à vent s'y sont mêlés doucement en renforçant l'accord général. Les voix s'y sont unies par des soupirs d'allégresse et d'étonnement. Enfin les cuivres ont résonné brillamment, les trompettes ont éclaté! La lumière, source d'harmonie, a inondé la nature, toutes les richesses musicales se sont alors étalées avec une violence, avec un éclat pareils à ceux des rayons du soleil oriental. Il n'y a pas jusqu'au triangle dont l'*ut* répété ne vous ait rappelé le chant des oiseaux au matin par ses accens aigus et ses agaceries lutines. La même tonalité, retournée par cette main magistrale, exprime la joie de la nature entière en calmant la douleur qui vous navrait naguères. Là est le cachet du grand maître : l'unité! C'est un et varié. Une seule phrase et mille sentimens de douleur, les misères d'une nation ; un seul accord et tous les accidens de la nature à son réveil, toutes les expressions de la joie d'un peuple. Ces deux immenses pages sont soudées par un appel au Dieu toujours vivant, auteur de toute chose, de cette douleur comme de cette joie. A elle seule, cette introduction n'est-elle pas un grand poëme?

— C'est vrai, dit le Français.

— Voici maintenant un quintetto comme Rossini en sait faire. Si jamais il a pu se laisser aller à la douce et facile volupté qu'on reproche à notre musique, n'est-ce pas dans ce joli morceau où chacun doit exprimer son allégresse, où le peuple esclave est délivré, et où cependant va soupirer un amour en danger. Le fils du Pharaon aime une juive, et cette juive le quitte. Ce qui rend ce quintette une chose délicieuse et ravissante, est un retour aux émotions ordinaires de la vie, après la peinture grandiose des deux plus immenses scènes nationales et naturelles, la misère, le bonheur, encadrées par la magie que leur prêtent la vengeance divine et le merveilleux de la Bible. N'avais-je pas raison? dit en continuant la duchesse au Français quand fut finie la magnifique strette de

Voci di giubilo
D'in'orno echeggino
Di pace l'Iride
Per noi spuntò.

(Que des cris d'allégresse retentissent autour de nous, l'astre de la paix répand pour nous sa clarté.)

Avec quel art le compositeur a construit ce morceau. Il l'a commencé par un solo de cor d'une suavité divine, soutenu par des arpèges de harpes, car les premières voix qui s'élèvent dans ce grand concert sont celles de Moïse et d'Aaron qui remercient le vrai Dieu : leur chant doux et grave rappelle les idées sublimes de l'invocation et s'unit néanmoins à la joie du peuple profane. Cette transition a quelque chose de céleste et de terrestre à la fois que le génie seul sait trouver, et qui donne à l'andante du quintetto une couleur que je comparerais à celle que Titien met autour de ses personnages divins. Avez-vous remarqué le ravissant et mélodieux enchâssement des voix ? Par quelles habiles entrées, le compositeur ne les a-t-il pas groupées sur les charmans motifs chantés par l'orchestre? Avec quel art il a préparé les fêtes de son allégro. N'avez-vous pas entrevu les chœurs dansans, les rondes folles de tout un peuple échappé au danger ? Et quand la clarinette a donné le signal de la strette *Voci di giubilo*, si brillante, si animée, votre ame n'a-t-elle pas éprouvé le divin mouvement d'exultation dont parle le roi David

La loge entière resta muette pendant le récitatif d'Osiride et de Mambré qui complotent de rendre inutile l'ordre de départ donné par le Pharaon en faveur des Hébreux.

— Vous ai-je fâchée ? dit le médecin, j'en serais au désespoir : votre parole est comme une baguette magique, elle ouvre des cases dans mon cerveau et en fait sortir des idées nouvelles, émues par ces chants sublimes.

— Non, dit-elle. Vous avez loué notre grand musicien à votre manière. Il réussira chez vous, je le vois, par ses côtés spirituels et sensuels. Espérons en quelques ames nobles et amoureuses de l'idéal qui doivent se trouver dans votre fécond pays et qui apprécieront l'élévation, le grandiose d'une telle musique. Ah ! voici le fameux duo entre Elcia et Osiride, reprit-elle en profitant du temps que lui donna dans ses psaumes, et qu'il prête aux collines?

— Oui, cela ferait un charmant air de contredanse! dit le médecin.

— Français! Français! toujours Fançais! s'écria la duchesse atteinte au milieu de son exaltation par ce trait piquant. Oui, vous êtes capable d'employer ce sublime élan, si gai, si noblement pimpant, à vos rigodons. Une sublime poésie n'obtient jamais grâce à vos yeux. Le génie le plus élevé, les saints, les rois, les infortunes, tout ce qu'il y a de sacré doit passer par les verges de votre caricature. La vulgarisation des grandes idées par vos airs de contredanse, est la caricature en musique. Chez vous, l'esprit tue l'âme, comme le raisonnement y tue la raison.

la triple salve d'applaudissemens par laquelle le parterre salua la Tinti qui faisait sa première entrée. Si la Tinti a bien compris le rôle d'Elcia, vous allez entendre les chants sublimes d'une femme à la fois déchirée par l'amour de la patrie et par un amour pour un de ses oppresseurs, tandis qu'Osiride, possédé d'une passion frénétique pour sa belle conquête, s'efforce de la conserver. L'opéra repose autant sur cette grande idée, que sur la résistance des Pharaons à la puissance de Dieu et de la liberté, vous devez vous y associer sous peine de ne rien comprendre à cette œuvre immense. Malgré la défaveur avec laquelle vous acceptez les inventions de nos poètes de livrets, permettez-moi de vous faire remarquer l'art avec lequel ce drame est construit. L'antagonisme nécessaire à toutes les belles œuvres, et si favorable au développement de la musique, s'y trouve. Quoi de plus riche qu'un peuple, voulant sa liberté, retenu dans les fers par la mauvaise foi, soutenu par Dieu, entassant prodiges sur prodiges pour devenir libre? Quoi de plus dramatique que l'amour du prince pour une juive, et qui justifie presque les trahisons du pouvoir oppresseur? Voilà pourtant tout ce qu'exprime ce hardi, cet immense poème musical, où Rossini a su conserver à chaque peuple sa nationalité fantastique, car nous leur avons prêté des grandeurs historiques auxquelles ont consenti toutes les imaginations. Les chants des Hébreux et leur confiance en Dieu sont constamment en opposition avec les cris de rage et les efforts du Pharaon peint dans toute sa puissance. En ce moment Osiride est tout à l'amour, il espère retenir sa maîtresse par le souvenir de toutes les douceurs de la passion, il veut l'emporter sur les charmes de la patrie. Aussi dans le :

Ah se puoi così lasciarmi.

(Si tu as le courage de me quitter, brise-moi le cœur.)

d'Osiride, et dans la réponse d'Elcia :

Mà perchè così straziarmi.

(Pourquoi me tourmenter ainsi, quand ma douleur est affreuse?)

vous reconnaîtrez les langueurs divines, les ardentes douceurs, les tendresses, les souvenirs voluptueux de l'amour oriental. Non, deux cœurs aussi mélodieusement unis ne sauraient se séparer, dit-elle en regardant le prince. Mais les voilà tout-à-coup interrompus par la triomphante voix de la patrie qui tonne dans le lointain et rappelle Elcia. Quel divin et délicieux allégro que ce motif de la marche des Hébreux allant au désert! Il n'y a que Rossini pour faire dire tant de choses à des clarinettes et à des trompettes! Un art qui peut peindre en deux phrases tout ce qu'est la patrie, n'est-il donc pas plus voisin du ciel que les autres. Cet appel m'a toujours trop ému pour que je vous dise ce qu'il y a de cruel à ceux qui sont esclaves et enchaînés, de voir partir des gens libres!

La duchesse eut ses yeux mouillés en entendant le magnifique motif qui domine en effet l'opéra.

— *Dov'è mai quel core amante* (Quel cœur aimant ne partagerait mes angoisses), reprit-elle en italien quand la Tinti entama l'admirable cantilène de la strette où elle demande pitié pour ses douleurs. Mais que se passe-t-il ? le parterre murmure.

— Genovese brame comme un cerf, dit le prince.

Ce duetto, le premier que chantait la Tinti, était en effet troublé par la déroute complète de Genovese. Dès que le ténor chanta de concert avec la Tinti, sa belle voix changea. Sa méthode si sage, cette méthode qui rappelait à la fois Crescentini et Veluti, il semblait l'oublier à plaisir. Tantôt une tenue hors de propos, un agrément trop prolongé gâtaient son chant. Tantôt des éclats de voix sans transition, le son lâché comme une eau à laquelle on ouvre une écluse, accusaient un oubli complet et volontaire des lois du goût. Aussi le parterre fut-il démesurément agité.

Les Vénitiens crurent à quelque pari entre Genovese et ses camarades. La Tinti rappelée fut applaudie avec fureur, et Genovese reçut quelques avis qui lui apprirent les dispositions hostiles du parterre. Pendant la scène, assez comique pour un Français, des rappels continuels de la Tinti, qui revint onze fois recevoir seule les applaudissemens frénétiques de l'assemblée, car Genovese, presque sifflé, n'osa lui donner la main, le médecin fit à la duchesse une observation sur la strette du duo.

— Rossini devait exprimer là, dit-il, la plus profonde douleur, et j'y trouve une allure dégagée, une teinte de gaîté hors de propos.

— Vous avez raison, répondit la duchesse. Cette faute est l'effet d'une de ces tyrannies auxquelles doivent obéir nos compositeurs. Il a songé plus à sa prima donna qu'à Elcia quand il a écrit cette strette. Mais aujourd'hui la Tinti l'exécuterait encore plus brillamment, je suis si bien dans la situation, que ce passage trop gai est pour moi rempli de tristesse.

Le médecin regarda tour à tour et attentivement le prince et la duchesse, sans pouvoir deviner la raison qui les séparait et qui avait rendu ce duo déchirant pour eux. Massimilla baissa la voix et s'approcha de l'oreille du médecin.

— Vous allez entendre une magnifique chose, la conspiration du Pharaon contre les Hébreux. L'air majestueux de *A rispettar mi apprenda* (qu'il apprenne à me respecter) est le triomphe de Carthagenova. Il va vous rendre à merveille l'orgueil blessé, la duplicité des cours. Le trône va parler : les concessions faites, il les retire, il arme sa colère. Pharaon va se dresser sur ses pieds pour s'élancer sur une proie qui lui échappe. Jamais Rossini n'a rien écrit d'un aussi beau caractère, ni qui soit empreint d'une plus abondante, d'une plus forte verve! C'est une œuvre complète, soutenue par un accompagnement d'un merveilleux travail, comme les moindres choses de cet opéra où la puissance de la jeunesse étincelle dans les plus petits détails.

Les applaudissemens de toute la salle couronnèrent cette belle conception, qui fut admirablement rendue par le chanteur et surtout bien comprise par les Vénitiens.

— Voici le finale, reprit la duchesse. Vous entendez de nouveau cette marche inspirée par le bonheur de la délivrance, et par la foi en Dieu qui permet à tout un peuple de s'enfoncer joyeusement dans le désert! Quels poumons ne seraient rafraîchis par les élans célestes de ce peuple au sortir de l'esclavage. Ah! chères et vivantes mélodies! Gloire au beau génie qui a su rendre tant de sentimens. Il y a je ne sais quoi de guerrier dans cette marche qui dit que ce peuple a pour lui le dieu des armées! quelle profondeur dans ces chants pleins d'actions de grâce! Les images de la Bible s'émeuvent dans notre ame, et cette divine scène musicale nous fait assister réellement à l'une des plus grandes scènes d'un monde antique et solennel. La coupe religieuse de certaines parties vocales, la manière dont les voix s'ajoutent les unes aux autres et se groupent, expriment tout ce que nous concevons des saintes merveilles de ce premier âge de l'humanité. Ce beau concert n'est cependant qu'un développement du thème de la marche dans toutes ses conséquences musicales. Ce motif est le principe fécondant pour l'orchestre et les voix, pour le chant et la brillante instrumentation qui l'accompagne. Voici Elcia qui se réunit à la horde et à qui Rossini a fait exprimer des regrets pour nuancer la joie de ce morceau. Ecoutez son duettino avec Aménofi. Jamais amour blessé a-t-il fait entendre de pareils chants : la grace des nocturnes y respire, il y a là le deuil secret de l'amour blessé. Quelle mélancolie! Ah! le désert sera deux fois désert pour elle! Enfin voici la lutte terrible de l'Egypte et des Hébreux! cette allégresse, cette marche, tout est troublé par l'arrivée des Egyptiens. La promulgation des ordres du Pharaon s'accomplit par une seule idée musicale qui domine le finale, une phrase sourde et grave, il semble qu'on entende le pas des puissantes armées de l'Egypte entourant la phalange sacrée du peuple de Dieu, l'enveloppant lentement comme un long serpent d'Afrique enveloppe sa proie. Quelle grâce dans les plaintes de ce peuple abusé? n'est-il pas un peu plus italien qu'hébreu? Quel mouvement magnifique jusqu'à l'arrivée du Pharaon qui achève de mettre en présence les chefs des deux peuples et toutes les passions du drame. Quel admirable mélange de sentimens dans le sublime *ottetto* où la colère de Moïse et celle des deux Pharaons se trouve aux prises! quelle lutte de voix et de colères déchaînées! Jamais sujet plus vaste ne s'était offert à un compositeur. Le fameux finale de Don Juan ne présente après tout qu'un libertin aux prises avec ses victimes qui invoquent la vengeance céleste; tandis qu'ici la terre et ses puissances essaient de combattre contre Dieu. Deux peuples, l'un faible, l'autre fort, sont en présence. Aussi, comme il avait à sa disposition tous les moyens. Rossini les a-t-il savamment employés: il a pu sans être ridicule vous exprimer les mouvemens d'une tempête furieuse sur laquelle se détachent d'horribles imprécations. Il a procédé par accords plaqués sur un rythme en trois temps avec une sombre énergie musicale, avec une persistance qui finit par vous gagner. La fureur des Egyptiens surpris par une pluie de feu, les cris de vengeance des Hébreux voulaient des masses savamment calculés; aussi voyez comme il a fait marcher le développement de l'orchestre avec les chœurs? L'*allegro assai* en *ut* mineur est terrible au milieu de ce déluge de feu. Avouez, dit la duchesse au moment où en levant sa baguette Moïse fait tomber la pluie de feu, et où le compositeur déploie toute sa puissance à l'orchestre et sur la scène, que jamais musique n'a plus savamment rendu le trouble et la confusion.

— Elle a gagné le parterre, dit le Français.

— Mais qu'arrive-t-il encore ? le parterre est décidément très agité, reprit la duchesse.

Au finale, Genovese avait donné dans de si absurdes gargouillades en regardant la Tinti, que le tumulte fut à son comble au parterre, dont les jouissances étaient troublées. Il n'y avait rien de plus choquant pour ces oreilles italiennes que ce contraste du bien et du mal. L'entrepreneur prit le parti de comparaître, et dit que sur l'observation par lui faite à son premier homme, il signor Genovese avait répondu qu'il ignorait en quoi et comment il avait pu perdre la faveur du public, au moment même où il essayait d'atteindre à la perfection de son art.

— Qu'il soit mauvais comme hier, nous nous en contenterons ! répondit Capraja d'une voix furieuse.

Cette apostrophe remit le parterre en belle humeur. Contre la coutume italienne, le ballet fut peu écouté. Dans toutes les loges, il n'était question que de la singulière conduite de Genovese, et de l'allocution du pauvre entrepreneur. Ceux qui pouvaient entrer dans les coulisses s'empressèrent d'aller y savoir le secret de la comédie, et bientôt il ne fut plus question que d'une scène horrible faite par la Tinti à son camarade Genovese, dans laquelle la prima donna reprochait au ténor d'être jaloux de son succès, de l'avoir entravé par sa ridicule conduite, et d'avoir essayé même de la priver de ses moyens en jouant la passion. La cantatrice pleurait à chaudes larmes de cette infortune. Elle avait espéré, disait-elle, plaire à son amant qui devait être dans la salle, et qu'elle n'avait pu découvrir. Il faut connaître la paisible vie actuelle des Vénitiens, si dénuée d'événemens, qu'on s'entretient d'un léger accident survenu entre deux amans, ou de l'altération passagère de la voix d'une cantatrice, avec le sérieux et en lui donnant l'importance que l'on met en Angleterre, aux affaires politiques, pour savoir combien la Fenice et le café Florian étaient agités. La Tinti amoureuse, la Tinti qui n'avait pas déployé ses moyens, la folie de Genovese, ou le mauvais tour qu'il jouait, inspiré par cette jalousie d'art que comprennent si bien les Italiens, quelle riche mine de discussions vives ! Le parterre entier causait comme on cause à la Bourse, il en résultait un bruit qui devait étonner un Français habitué au calme des théâtres de Paris. Toutes les loges étaient en mouvement comme des ruches qui essaimaient. Un seul homme ne prenait aucune part à ce tumulte. Emilio Memmi tournait le dos à la scène, et les yeux mélancoliquement attachés sur Massimilla, il semblait ne vivre que de son regard, il n'avait pas regardé la cantatrice une seule fois.

— Je n'ai pas besoin, *caro carino*, de te demander le résultat de ma négociation, disait Vendramin à Émilio. Ta Massimilla si pure et si religieuse a été d'une complaisance sublime, enfin elle a été la Tinti!

Le prince répondit par un signe de tête plein d'une horrible mélancolie.

— Ton amour n'a pas déserté les cimes éthérées où tu planes, reprit Vendramin excité par son opium, il ne s'est pas matérialisé. Ce matin, comme depuis six mois, tu as senti des fleurs déployant leurs calices embaumés sous les voûtes de ton crâne démesurément agrandi. Ton cœur grossi a reçu tout ton sang, et s'est heurté à ta gorge. Il s'est développé là, dit-il en lui posant la main sur la poitrine, des sensations enchanteresses. La voix de Massimilla y arrivait par ondées lumineuses, sa main délivrait mille voluptés emprisonnées qui abandonnaient les replis de ta cervelle pour se grouper nuageusement autour de toi, et t'enlever, léger de ton corps, baigné de pourpre, dans un air bleu au-dessus des montagnes de neige où réside le pur amour des anges. Le sourire et les baisers de ses lèvres te revêtaient d'une robe vénéneuse qui consumait les derniers vestiges de ta nature terrestre. Ses yeux étaient deux étoiles qui te faisaient devenir lumière sans ombre. Vous étiez comme deux anges prosternés sur les palmes célestes, attendant que les portes du paradis s'ouvrissent : mais elles tournaient difficilement sur leurs gonds ; et, dans ton impatience, tu les frappais sans pouvoir les atteindre. Ta main ne rencontrait que des nuées plus alertes que ton désir. Couronnée de roses blanches et semblable à une fiancée céleste, ta lumineuse amie pleurait de ta fureur. Peut-être, disait-elle à la Vierge de mélodieuses litanies, tandis que les diaboliques voluptés de la terre te soufflaient leurs infâmes clameurs, tu dédaignais alors les fruits divins de cette extase dans laquelle je vis aux dépens de mes jours.

— Ton ivresse, cher Vendramin, dit avec calme Emilio, est au-dessous de la réalité. Qui pourrait dépeindre cette langueur purement corporelle où nous plonge l'abus des plaisirs rêvés, et qui laisse à l'ame son éternel désir, à l'esprit ses facultés pures? Mais je suis las de ce supplice qui m'explique celui de Tantale. Cette nuit est la dernière de mes nuits. Je rends à notre mère son enfant, l'Adriatique recevra mon dernier soupir, après avoir tenté mon dernier effort.

— Es-tu bête, reprit Vendramin; mais non, tu es fou, car la folie que nous méprisons est le souvenir d'un état antérieur qui trouble notre forme actuelle. Le génie de mes rêves m'a dit ces choses et bien d'autres! Tu veux réunir la duchesse et la Tinti; mais, mon Émilio, prend-les séparément, ce sera plus sage. Raphaël seul a réuni la forme et l'idée. Tu veux être Raphaël en amour; mais on ne crée pas le hasard : Raphaël est un raccroc du père Éternel qui a fait la forme et l'idée ennemies, autrement rien ne vivrait. Quand le principe est plus fort que le résultat, il n'y a rien de produit. Nous devons être ou sur la terre ou dans le ciel. Reste dans le ciel, tu seras toujours trop tôt sur la terre.

— Je reconduirai la duchesse, dit le prince, et je risquerai ma dernière tentative..... Après.

— Après, dit vivement Vendramin, promets-moi de venir me prendre à Florian?

— Oui?

Cette conversation, tenue en grec moderne entre Vendramin et le prince, qui savaient cette langue comme la savent beaucoup de Vénitiens, n'avait pu être entendue de la duchesse et du Français. Quoique très en dehors du cercle d'intérêt qui enlaçait la duchesse, Emilio et Vendramin, car tous trois se comprenaient par des regards italiens, fins, incisifs, voilés, obliques tour à tour, le médecin finit par entrevoir une partie de la vérité. Une ardente prière de la duchesse à Vendramin avait dicté à ce jeune Vénitien sa proposition à Emilio, car la Cataneo avait flairé la souffrance qu'éprouvait son amant dans le pur ciel où il s'égarait, elle qui ne flairait pas la Tinti.

— Ces deux jeunes gens sont incurables, dit le médecin à la duchesse.

— Quant au prince, répondit la duchesse, laissez-moi le soin de le guérir; quant à Vendramin, peut-être est-il incurable s'il n'a pas entendu cette sublime musique.

Le ballet était fini depuis long-temps, le second acte de *Mosè* commençait, le parterre se montrait très attentif. Le bruit s'était répandu que le duc Cataneo avait sermonné Genovese en lui représentant combien il faisait de tort à Clarina, la *diva* du jour. On s'attendait à un sublime second acte.

— Le prince et son père ouvrent la scène, dit la duchesse, ils ont cédé de nouveau, tout en insultant aux Hébreux; mais ils frémissent de rage. Le père est consolé par le prochain mariage de son fils, et le fils est désolé de cet obstacle, qui augmente encore son amour, contrarié de tous côtés. Genovese et Carthagenova chantent admirablement. Vous le voyez, le ténor fait sa paix avec le parterre. Comme il met bien en œuvre les richesses de cette musique. La phrase dite par le fils sur la tonique, redite par le père sur la dominante, appartient au système simple et grave sur lequel repose cette partition, où la sobriété des moyens rend encore plus étonnante la fertilité de la musique. L'Égypte est là tout entière. Je ne crois pas qu'il existe un morceau moderne où respire une pareille noblesse. La paternité grave et majestueuse d'un roi s'exprime dans cette phrase magnifique et conforme au grand style qui règne dans toute l'œuvre. Certes, le fils d'un Pharaon versant sa douleur dans le sein de son père, et la lui faisant éprouver, ne peut être mieux représenté que par ces images grandioses. Ne trouvez-vous pas en vous-même un sentiment de la splendeur que nous prêtons à cette antique monarchie.

— C'est de la musique sublime! dit le Français.

— L'air de la *Pace mia smarrita*, que va chanter la reine est un de ces airs de bravoure et de facture auxquels tous les compositeurs sont condamnés et qui nuisent au dessin général du poème, mais leur opéra n'existerait souvent point s'ils ne satisfaisaient l'amour-propre de la prima donna. Néanmoins cette tartine musicale est si largement traitée qu'elle est textuellement exécutée sur tous les théâtres. Elle est si brillante que les cantatrices n'y substituent point leur air favori, comme cela se pratique dans la plupart des opéras.

Enfin voici le point brillant de la partition, le duo d'Osiride et d'Elcia dans le souterrain où il veut la cacher pour l'enlever aux Hébreux qui partent, et s'enfuir avec elle de l'Égypte. Les deux amans sont troublés par l'arrivée d'Aaron qui a été prévenir Amalthée, et nous allons entendre le roi des quatuors : *Mi manca la voce, mi sento morire.* Ce *Mi manca la voce* est un de ces chefs-d'œuvre qui résisteront à tout, même au temps, ce grand destructeur des modes en musique, car il est pris à ce langage d'ame qui ne varie jamais. Mozart possède en propre son fameux finale de Don Juan, Marcello son psaume *Cœli enarrant gloriam Dei*, Cimarosa son *Pria chè spunti l'aurora*, Beethoven sa Symphonie en *ut* mineur, Pergolèse son *Stabat*, Rossini gardera son *Mi manca la voce*. C'est surtout la facilité merveilleuse avec laquelle il varie la forme qu'il faut admirer chez Rossini. Pour obtenir ce grand effet, il a eu recours au vieux mode du canon à l'unisson pour faire entrer ses voix et les fondre dans une même mélodie. Comme la forme de ces sublimes cantilènes était neuve, il l'a établie dans un vieux cadre ; et, pour la mieux mettre en relief, il a éteint l'orchestre, en n'accompagnant la voix que par des arpèges de harpes. Il est impossible d'avoir plus d'esprit dans les détails et plus de grandeur dans l'effet général. Mon Dieu ! toujours du tumulte, dit la duchesse.

Genovese, qui avait si bien chanté son duo avec Carthagenova, faisait sa propre charge auprès de la Tinti. De grand chanteur, il devenait le plus mauvais de tous les choristes. Il s'éleva le plus effroyable tumulte qui ait onc-ques troublé les voûtes de la Fenice. Le tumulte ne céda qu'à la voix de la Tinti qui, enragée de l'obstacle apporté par l'entêtement de

Genovèse, chanta *Mi manca la voce*, comme nulle cantatrice le chantera. L'enthousiasme fut au comble, les spectateurs passèrent de l'indignation et de la fureur aux jouissances les plus aiguës.

— Elle me verse des flots de pourpre dans l'ame, disait Capraja, en bénissant de sa main étendue la diva Tinti.

— Que le ciel épuise ses grâces sur ta tête! lui cria un gondolier.

— Le Pharaon va révoquer ses ordres, reprit la duchesse pendant que l'émeute se calmait au parterre. Moïse le foudroiera sur son trône en lui annonçant la mort de tous les aînés de l'Egypte et chantant cet air de vengeance qui contient les tonnerres du ciel, et où résonnent les clairons hébreux. Mais ne vous y trompez pas, cet air est un air de Pacini, que Carthagenova substitue à celui de Rossini. Cet air de *Paventa* restera sans doute dans la partition ; il fournit trop bien aux basses l'occasion de déployer les richesses de leur voix, et ici l'expression doit l'emporter sur la science. D'ailleurs, l'air est magnifique de menaces, aussi ne sais-je si l'on nous le laissera long-temps chanter.

Une salve de bravos et d'applaudissemens, suivie d'un profond et prudent silence, accueillit l'air ; rien ne fut plus significatif ni plus vénitien que cette hardiesse, aussitôt réprimée.

— Je ne vous dirai rien du *tempo di marcia* qui annonce le couronnement d'Osiride, par lequel le père veut braver la menace de Moïse, il suffit de l'écouter. Leur fameux Beethoven n'a rien écrit de plus magnifique. Cette marche, pleine de pompes terrestres, contraste admirablement avec la marche des Hébreux. Comparez-les? La musique est ici d'une inouïe fécondité. Elcia déclare son amour à la face des deux chefs des Hébreux, et le sacrifie par cet admirable air de *Porge la destra amata* (Donnez à une autre votre main adorée). Ah! quelle douleur! voyez la salle?

— Bravo! cria-t-on quand Genovese fut foudroyé.

— Délivrée de son déplorable compagnon, nous entendrons la Tinti chanter : *O desolata Elcia!* la terrible cavatine où crie un amour réprouvé par Dieu.

— Rossini, où es tu pour entendre si magnifiquement rendu ce que ton génie t'a dicté, dit Cataneo. Clarina n'est-elle pas son égale? demanda-t-il à Capraja! Pour animer ces notes par des bouffées de feu qui, parties des poumons, se grossissent dans l'air de je ne sais quelles substances ailées que nos oreilles aspirent et qui nous élèvent au ciel par un ravissement amoureux, il faut être Dieu!

— Elle est comme cette belle plante indienne qui s'élance de terre, ramasse dans l'air une invisible nourriture et lance de son calice arrondi en spirale blanche, des nuées de parfums qui font éclore des rêves dans notre cerveau, répondit Capraja.

La Tinti fut rappelée et reparut seule, elle fut saluée par des acclamations, elle reçut mille baisers que chacun lui envoyait du bout des doigts. On lui jeta des roses, et une couronne pour laquelle des femmes donnèrent les fleurs de leurs bonnets, presque tous envoyés par les modistes de Paris. On redemanda la cavatine.

— Avec quelle impatience Capraja, l'amant de la roulade, n'attendait-il pas ce morceau qui ne tire sa valeur que de l'exécution, dit alors la duchesse. Là, Rossini a mis, pour ainsi dire, la bride sur le cou à la fantaisie de la cantatrice. La roulade et l'ame de la cantatrice y sont tout. Avec une voix ou une exécution médiocre, ce ne serait rien. Le gosier doit mettre en œuvre les brillans de ce passage. La cantatrice doit exprimer la plus immense douleur, celle d'une femme qui voit mourir son amant sous ses yeux! La Tinti, vous l'entendez, fait retentir la salle des notes les plus aiguës, et pour laisser toute liberté à l'art pur, à la voix, Rossini a écrit là des phrases nettes et franches, il a, par un dernier effort, inventé ces déchirantes exclamations musicales.

Tormenti! affanni! smanie!

Quels cris! que de douleur dans ces roulades! La Tinti, vous le voyez, a enlevé la salle par ses sublimes efforts.

Le Français stupéfait de cette furie amoureuse de toute une salle pour la cause de ses jouissances, entrevit un peu la véritable Italie; mais ni la duchesse, ni Vendramin, ni Emilio ne firent la moindre attention à l'ovation de la Tinti qui recommença. La duchesse avait peur de voir son Emilio pour la dernière fois; quant au prince, devant la duchesse, cette imposante divinité qui l'enlevait au ciel, il ignorait où il se trouvait, il n'entendait pas la voix voluptueuse de celle qui l'avait initié aux voluptés terrestres, car une horrible mélancolie faisait entendre à ses oreilles un concert de voix plaintives accompagnées d'un bruissement semblable à celui d'une pluie abondante. Vendramin, habillé en procurateur, voyait alors la cérémonie du Bucentaure. Le Français, qui avait fini par deviner un étrange et douloureux mystère entre le prince et la duchesse, entassait les plus spirituelles conjectures pour se l'expliquer.

La scène avait changé. Au milieu d'une belle décoration représentant le désert et la Mer Rouge, les évolutions des Égyptiens et des Hébreux se firent, sans que les pensées auxquelles les quatre personnages de cette loge étaient en proie eussent été troublées. Mais quand les premiers accords des harpes annoncèrent la prière des Hébreux délivrés, le prince et Vendramin se levèrent et s'appuyèrent chacun à l'une des cloisons de la loge, la duchesse mit son coude sur l'appui de velours, et tint sa tête dans sa main gauche. Le Français, averti par ces mouvemens de l'importance attachée par toute la salle à ce morceau si justement célèbre, l'écouta religieusement. La salle entière redemanda la prière en l'applaudissant à outrance.

— Il me semble avoir assisté à la libération de l'Italie, pensait un Milanais. Cette musique relève les têtes courbées, et donne de l'espérance aux cœurs les plus endormis.

— Ici, dit la duchesse au Français, dont l'émotion fut visible, la science a disparu, l'inspiration seule a dicté ce chef-d'œuvre, il est sorti de l'ame comme un cri d'amour! Quant à l'accompagnement, il consiste en arpéges de harpe, et l'orchestre ne se développe qu'à la dernière reprise de ce thème céleste. Jamais Rossini ne s'élevera plus haut, il fera tout aussi bien, jamais mieux : le sublime est toujours semblable à lui-même. Ce chant est encore une de ces choses qui lui appartiendront en entier. L'analogue d'une pareille conception ne pourrait se trouver que dans les psaumes divins du divin Marcello, un noble Vénitien qui est à la musique ce que Titien est à la peinture. La majesté de la phrase dont la forme se déroule en nous apportant d'inépuisables mélodies est égale à ce que les génies religieux ont inventé de plus ample. Quelle simplicité dans le moyen. Moïse attaque le thème en *sol* mineur, et termine par une cadence en *si* bémol, qui permet au chœur de le reprendre pianissimo d'abord en *si* bémol, et de le rendre par une cadence en *sol* mineur. Ce jeu si noble dans les voix recommencé trois fois s'achève à la dernière strophe par une strette en *sol* majeur dont l'effet est étourdissant pour l'âme. Il semble qu'en montant vers les cieux, le chant de ce peuple sorti d'esclavage rencontre des chants tombés des sphères célestes. Les étoiles répondent joyeusement à l'ivresse de la terre délivrée. La rondeur périodique de ces motifs, la noblesse des lentes gradations qui préparent l'explosion du chant et son retour sur lui-même, développent des images célestes dans l'ame. Ne croiriez-vous pas voir les cieux entr'ouverts, les anges armés de leurs sistres d'or, les séraphins prosternés agitant leurs encensoirs chargés de parfums, et les archanges appuyés sur leurs épées flamboyantes qui viennent de vaincre les impies. Le secret de cette harmonie, qui rafraîchit la pensée, est, je crois, celui de quelques œuvres humaines bien rares, elle nous jette pour un moment dans l'infini, nous en avons le sentiment, nous l'entrevoyons dans ces mélodies sans bornes comme celles qui se chantent autour du trône de Dieu. Le génie de Rossini nous conduit à une hauteur prodigieuse. De là, nous apercevons une terre promise où nos yeux caressés par des lueurs célestes se plongent sans y rencontrer d'horizon. Le dernier cri d'Elcia presque guérie rattache un amour terrestre à cette hymne de reconnaissance. Ce cantilène est un trait de génie. Chantez, dit la duchesse en entendant la dernière strophe, exécutée comme elle était écoutée avec un sombre enthousiasme, chantez, vous êtes libres.

Ce dernier mot fut dit d'un accent qui fit tressaillir le médecin. Et pour arracher la duchesse à son amère pensée, il lui fit, pendant le tumulte excité par les rappels de la Tinti, une de ces querelles auxquelles les Français excellent.

— Madame, dit-il, en m'expliquant ce chef-d'œuvre que grâce à vous je reviendrai entendre demain, en le comprenant et dans ses moyens et dans son effet, vous m'avez parlé souvent de la couleur de la musique, et de ce qu'elle peignait; mais en ma qualité d'analyste et de matérialiste, je vous avouerai que je suis toujours révolté par la prétention qu'ont certains enthousiastes de nous faire croire que la musique peint avec des sons. N'est-ce pas comme si les admirateurs de Raphaël prétendaient qu'il chante avec des couleurs ?

— Dans la langue musicale, répondit la duchesse, peindre, c'est réveiller par des sons certains souvenirs dans notre cœur, ou certaines images dans notre intelligence, et ces souvenirs, ces images ont leur couleur, elles sont tristes ou gaies. Vous nous faites une querelle de mots, voilà tout. Selon Capraja, chaque instrument a sa mission, et s'adresse à certaines idées comme chaque couleur répond en nous à certains sentimens. En contemplant des arabesques d'or sur un fond bleu, avez-vous les mêmes pensées qu'excitent en vous des arabesques rouges sur un fond noir ou vert? Dans l'une comme dans l'autre peinture, il n'y a point de figures, point de sentimens exprimés, c'est l'art pur, et néanmoins nulle ame ne restera froide en les regardant. Le hautbois n'a-t-il pas sur tous les esprits le pouvoir d'éveiller des images champêtres ainsi que presque tous les instrumens à vent. Les cuivres n'ont-ils pas je ne sais quoi de guerrier, ne développent-ils pas en nous des sensations animées et quelque peu furieuses. Les cordes dont la substance est prise aux créations organisées, ne s'attaquent-elles pas aux fibres les plus délicates de notre organisation, ne vont-elles pas au fond de notre cœur? Quand je vous ai parlé des sombres couleurs, du froid des notes employées dans l'introduction, n'étais-je pas autant dans le vrai que vos critiques en nous parlant de la couleur de tel ou tel écrivain. Ne reconnaissez-vous pas le style nerveux, le style pâle, le style animé, le style coloré. L'art peint avec des mots, avec des sons, avec des couleurs, avec des lignes, avec des formes ; si ses moyens sont divers, les effets sont les mêmes. Un architecte italien vous donnera la sensation qu'excite en nous l'introduction de Moïse, en nous promenant dans des allées sombres, hautes, touffues, humides, et nous faisant arriver subitement en face d'une vallée pleine d'eau, de fleurs, de fabriques, et inondée de soleil. Dans leurs efforts grandioses, les arts ne sont que l'expression des grands spectacles de la nature. Je ne suis pas assez savante pour entrer dans la philosophie de la musique, allez questionner Capraja, vous serez surpris de ce qu'il vous dira. Selon lui, chaque instrument ayant, pour ses expressions, la durée ou le souffle et la main de l'homme, est supérieur comme langage à la couleur qui est fixe et au mot qui a des bornes. La langue musicale est infinie, elle contient tout, elle peut tout exprimer. Savez-vous maintenant en quoi consiste la supériorité de l'œuvre que vous avez entendue? Je vais vous l'expliquer en peu de mots. Il y a deux musiques : une petite, mesquine, de second ordre, partout semblable à elle-même, qui repose sur une centaine de phrases que chaque musicien s'approprie et qui constitue un bavardage plus ou moins agréable avec lequel vivent la plupart des compositeurs; on écoute leurs chants, leurs prétendues mélodies, on a plus ou moins de plaisir, mais il n'en reste absolument rien dans la mémoire. Cent ans se passent, ils sont oubliés. Les peuples, depuis l'antiquité jusqu'à nos jours, ont gardé, comme un précieux trésor, certains chants qui résument leurs mœurs et leurs habitudes, je dirais presque leur histoire. Écoutez un de ces chants nationaux, et le chant grégorien a recueilli l'héritage des peuples antérieurs en ce genre, vous tombez en des rêveries profondes, il se déroule dans votre ame des choses inouïes, immenses, malgré la simplicité de ces rudimens, de ces ruines musicales. Eh bien, il y a par siècle un ou deux hommes de génie, pas davantage, les Homère de la musique, à qui Dieu donne le pouvoir de devancer les temps, et qui formulent ces mélodies pleines de faits accomplis, grosses de poèmes immenses. Songez-y bien, rappelez-vous cette pensée, elle sera féconde, redite par vous : c'est la mélodie et non l'harmonie qui a le pouvoir de traverser les âges. La musique de cet oratorio contient un monde de ces choses grandes et sacrées. Une œuvre qui débute par cette introduction et qui finit par cette prière est immortelle, immortelle comme l'*O filii et filiæ* de Pâques, comme le *Dies iræ* de la Mort, comme tous les chants qui survivent en tous les pays à des splendeurs, à des joies, à des prospérités perdues.

Deux larmes que la duchesse essuya en sortant de sa loge disaient assez qu'elle songeait à la Venise qui n'était plus, Vendramin lui baisa la main.

La représentation finissait par un concert des malédictions les plus originales, par les sifflets prodigués à Genovese, et par un accès de folie en faveur de la Tinti. Depuis long-temps les Vénitiens n'avaient eu de théâtre plus animé, leur vie était enfin réchauffée par cet antagonisme qui n'a jamais failli en Italie où la moindre ville a toujours vécu par les intérêts opposés de deux factions: les Gibelins et les Guelfes partout, les Capulets et les Montaigu à Vérone, les Geremeï et les Lomelli à Bologne, les Fieschi et les Doria à Gênes, les patriciens et le peuple, le sénat et les tribuns de la république romaine, les Pazzi et les Medici à Florence, les Sforza et les Visconti à Milan, les Orsini et les Colonna à Rome ; enfin partout et en tous lieux le même mouvement. Dans les rues, il y avait déjà des Genovesiens et des Tintistes. Le prince reconduisit la duchesse que l'amour d'Osiride avait plus qu'attristée ; elle croyait pour elle-même à quelque catastrophe semblable, et ne pouvait que presser Émilio sur son cœur comme pour le garder près d'elle.

— Songe à ta promesse, lui dit Vendramin, je t'attends sur la place.

CHAPITRE IV.

Vendramin prit le bras du Français et lui proposa de se promener sur la place Saint-Marc en attendant le prince.

— Je serai bien heureux s'il ne revient pas ! dit-il.

Cette parole fut le point de départ d'une conversation entre le Français et Vendramin, qui vit en ce moment un avantage à consulter un médecin, et qui lui raconta la singulière position dans laquelle était Emilio. Le Français fit ce qu'en toute occasion font les Français, il se mit à rire. Vendramin, qui trouvait la chose énormément sérieuse, se fâcha; mais il s'apaisa quand l'élève de Magendie, de Flourens, de Cuvier, de Dupuytren, de Broussais, lui dit qu'il croyait pouvoir guérir le prince de son bonheur excessif, et dissiper la céleste poésie dans laquelle il environnait la duchesse comme d'un nuage.

— Heureux malheur, dit-il. Les anciens, qui n'étaient pas aussi niais que le ferait supposer leur ciel de cristal et leurs idées en physique, ont voulu peindre dans leur fable d'Ixion cette puissance qui annulle le corps et rend l'esprit souverain de toutes choses.

Vendramin et le médecin virent venir Genovese, accompagné du fantasque Capraja. Le mélomane désirait vivement savoir la véritable cause du *fiasco*. Le ténor, mis sur cette question, bavardait comme ces hommes qui se grisent par la force des idées que leur suggère une passion.

— Oui, signor, je l'aime, je l'adore avec une fureur dont je ne me croyais plus capable après m'être lassé des femmes. Les femmes nuisent trop à l'art pour qu'on puisse mener ensemble les plaisirs et le travail. Elle croit que je suis jaloux de ses succès et que j'ai voulu empêcher son triomphe à Venise, mais je l'applaudissais dans la coulisse et criais : *Diva!* plus fort que toute la salle.

— Mais, dit Cataneo en survenant, ceci n'explique pas comment de chanteur divin tu es devenu le plus exécrable et détestable de tous ceux qui font passer de l'air par leur gosier, sans l'empreindre de cette suavité enchanteresse qui nous ravit.

— Moi, dit le virtuose, moi devenu mauvais chanteur, moi qui égale les plus grands maîtres !

En ce moment, le médecin français, Vendramin, Capraja, Cataneo et Genovese avaient marché jusqu'à la Piazzeta. Il était minuit. Le golfe brillant que dessinent les églises de Saint-Georges et de Saint-Paul, au bout de la Giudecca et le commencement du Canal Grande, si glorieusement ouvert par la dogana, et par l'église dédiée à la Maria della Salute, ce magnifique golfe était paisible. La lune éclairait les vaisseaux devant la rive des Esclavons. L'eau de Venise, qui ne subit aucune des agitations de la mer, semblait vivre, en agitant ses millions de paillettes. Jamais chanteur ne se trouva sur un plus magnifique théâtre. Genovese prit le ciel et la mer à témoin pour un mouvement d'emphase ; puis, sans autre accompagnement que le murmure de la mer, il chanta l'air d'*ombra adorata*, le chef-d'œuvre de Crescentini. Ce chant, qui s'éleva entre les fameuses statues de Saint-Théodore et Saint-Georges, au sein de Venise déserte, éclairée par la lune, les paroles si bien en harmonie avec ce théâtre et la mélancolique expression de Genovese, tout subjugua les Italiens et le Français. Aux premiers mots, Vendramin eut le visage couvert de grosses larmes. Capraja fut immobile comme une des statues du palais ducal. Cataneo parut ressentir une émotion. Le Français surpris, réfléchissait comme un savant saisi par un phénomène qui casse un de ses axiômes fondamentaux. Ces quatre esprits si différens, dont les espérances étaient si pauvres, qui ne croyaient à rien pour eux, après eux, qui se faisaient à eux-mêmes la concession d'être une forme passagère et capricieuse, comme une herbe ou quelque coléoptère, entrevirent le ciel. Jamais la musique ne mérita mieux son épithète de divine. Les sons consolateurs partis de ce gosier environnaient les ames de nuées douces et caressantes. Ces nuées, à demi visibles comme les cimes de marbre qu'argentait alors la lune autour des auditeurs, semblaient servir de siéges à des anges, dont les ailes exprimaient l'adoration, l'amour, par des agitations religieuses. Cette simple et naïve mélodie, en pénétrant les sens intérieurs, y apportait la lumière. Comme la passion était sainte! mais quel affreux réveil la vanité du ténor préparait à ces nobles émotions.

— Suis-je un mauvais chanteur? dit Genovese après avoir terminé l'air.

Tous regrettèrent que l'instrument ne fût pas une chose céleste. Cette musique angélique était donc due à un sentiment d'amour-propre blessé. Le chanteur ne sentait rien, il ne pensait pas plus aux pieux sentimens, aux divines images qu'il soulevait dans les cœurs, que le violon ne sait ce que Paganini lui fait dire. Tous avaient voulu voir Venise soulevant son linceul et chantant elle-même, et il ne s'agissait que du *fiasco* d'un ténor.

— Devinez-vous le sens d'un pareil phénomène ? demanda le médecin à Capraja, désirant faire causer l'homme que la duchesse lui avait signalé comme un profond penseur.

— Lequel, dit Capraja.

— Genovese, excellent quand la Tinti n'est pas là, devient auprès d'elle un âne qui brait, dit le Français.

— Il obéit à une loi secrète dont la démonstration mathématique sera peut-être donnée par un de vos chimistes, et que le siècle suivant trouvera dans une formule pleine d'X, d'A et de B entremêlés de petites fantaisies algébriques, des barres, des signes et des lignes qui me donnent la colique, en ce que les plus belles inventions de la Mathématique n'ajoutent pas grand chose à la somme de nos jouissances. Quand un artiste a le malheur d'être plein de la passion qu'il veut exprimer, il ne saurait la peindre : il est la chose même au lieu d'en être l'image. L'art procède du cerveau et non du cœur. Quand votre sujet vous domine, vous en êtes l'esclave et non le maître. Vous êtes comme un roi assiégé par son peuple. Sentir trop vivement au moment où il s'agit d'exécuter, c'est l'insurrection des sens contre la pensée !

— Ne devrions-nous pas nous convaincre de ceci par un nouvel essai, demanda le médecin.

— Cataneo, tu peux mettre encore en présence ton ténor et la prima donna !

— Messieurs, répondit le duc, venez souper chez moi. Nous devons réconcilier le ténor avec la Clarina, sans quoi la saison serait perdue pour Venise.

L'offre fut acceptée.

— Gondoliers ! cria Cataneo.

— Un instant, dit Vendramin au duc, Memmi m'attend à Florian, je ne veux pas le laisser seul, grisons-le ce soir ou il se tuera demain, si toutefois il se trouve à Florian.

— *Corpo santo,* s'écria le duc, je veux le conserver pour le bonheur et l'avenir de ma famille, je vais l'inviter.

Tous revinrent au café Florian, où la foule était animée par d'orageuses discussions, qui cessèrent à l'aspect du ténor. Dans un coin, près d'une des fenêtres donnant sur la galerie, sombre, l'œil fixe, les membres immobiles, le prince offrait une horrible image du désespoir.

— Ce fou, dit en français le médecin à Vendramin, ne sait pas ce qu'il veut! Il se rencontre au monde un homme qui peut séparer une Massimilla Doni de toute la création, en la possédant dans le ciel, au milieu des pompes idéales qu'aucune puissance ne peut réaliser ici-bas. Il peut la voir toujours sublime et pure, toujours entendre en lui-même ce que nous venons d'écouter au bord de la mer, toujours vivre sous le feu de deux yeux qui lui font l'atmosphère chaude et dorée que Titien a mise autour de sa vierge dans son Assomption, et que Raphaël le premier avait inventée, après quelque révélation, pour le

Christ transfiguré, et cet homme n'aspire qu'à barbouiller cette poésie! Par mon ministère, il réunira son amour sensuel et son amour céleste dans cette seule femme! Enfin il fera comme nous tous : il aura une maîtresse. Il possédait une divinité, il en veut faire une femelle! Je vous le dis, monsieur, il abdique le ciel. Je ne réponds pas que plus tard il ne meure de désespoir. O figures féminines, finement découpées par un ovale pur et lumineux, qui rappelez les créations où l'art a lutté victorieusement avec la nature! Pieds divins qui ne pouvez marcher, tailles sveltes qu'un souffle terrestre briserait, formes élancées qui ne concevront jamais, vierges entrevues par nous au sortir de l'enfance, admirées en secret, adorées sans espoir, enveloppées des rayons de quelque désir infatigable, vous qu'on ne revoit plus, mais dont le sourire domine à jamais notre existence, quel pourceau d'Épicure a voulu vous plonger dans la fange de la terre ? Eh, monsieur, le soleil ne rayonne sur la terre et ne l'échauffe que parce qu'il est à trente-trois millions de lieues ; allez auprès, la science vous avertit qu'il n'est ni chaud ni lumineux, car la science sert à quelque chose, ajouta-t-il en regardant Capraja.

— Pas mal pour un médecin français ! dit Capraja en frappant un petit coup de main sur l'épaule de l'étranger. Vous venez d'expliquer ce que l'Europe comprend le moins de *Dante*, sa *Bice !* ajouta-t-il. Oui, Béatrix, cette figure idéale, la reine des fantaisies du poète, élue entre toutes, consacrée par les larmes, déifiée par le souvenir, sans cesse rajeunie par des désirs inexaucés !

— Mon prince, disait le duc à l'oreille d'Emilio, venez souper avec moi. Quand on prend à un pauvre Napolitain sa femme et sa maîtresse, on ne peut lui rien refuser.

Cette bouffonnerie napolitaine, dite avec le bon ton aristocratique, arracha un sourire à Emilio, qui se laissa prendre par le bras et emmener. Le duc avait commencé par expédier chez lui l'un des garçons du café. Comme le palais Memmi était dans le canal Grande, du côté de Santa-Maria della Salute, il fallait y aller en faisant le tour à pied par le Rialto, ou s'y rendre en gondole; mais les convives ne voulurent pas se séparer, et chacun préféra marcher à travers Venise. Le duc fut obligé par ses infirmités de se jeter dans sa gondole.

Vers deux heures du matin, qui eût passé devant le palais Memmi l'aurait vu vomissant la lumière sur les eaux du grand canal par toutes ses croisées, aurait entendu la délicieuse ouverture de la *Semiramide*, exécutée au bas de ses degrés par l'orchestre de la Fenice, qui donnait une sérénade à la Tinti. Les convives étaient à table dans la galerie du second étage. Du haut du balcon, la Tinti chantait en remercîment le *buona sera* d'Almaviva, pendant que l'intendant du duc distribuait aux pauvres artistes les libéralités de son maître, en les conviant à un dîner pour le lendemain; politesses auxquelles sont obligés les grands seigneurs qui protègent des cantatrices, et les dames qui protègent des chanteurs. Dans ce cas, il faut nécessairement épouser tout le théâtre. Cataneo faisait richement les choses, il était le croupier de l'entrepreneur, et cette saison lui coûta deux cent mille écus. Il avait fait venir le mobilier du palais, un cuisinier français, des vins de tous les pays. Aussi croyez que le souper fut royalement servi.

Placé à côté de la Tinti, le prince sentit vivement, pendant tout le souper, ce que les poètes appellent dans toutes les langues les flèches de l'amour. L'image de la sublime Massimilla s'obscurcissait comme l'idée de Dieu se couvre des nuages du doute dans l'esprit des savans solitaires. La Tinti se trouvait la plus heureuse femme de la terre en se voyant aimée par Emilio. Sûre de le posséder, elle était animée d'une joie qui se reflétait sur son visage. Sa beauté resplendissait d'un éclat si vif, que chacun, en vidant son verre, ne pouvait s'empêcher de s'incliner vers elle par un salut d'admiration.

— La duchesse ne vaut pas la Tinti, disait le médecin oubliant sa théorie sous le feu des yeux de la Sicilienne.

Le ténor mangeait et buvait mollement, il

semblait vouloir s'identifier à la vie de la prima donna, et perdait ce gros bon sens de plaisir qui distingue les chanteurs italiens.

— Allons, *signorina*, dit le duc en adressant un regard de prière à la Tinti, et vous *caro primo uomo,* dit-il à Genovese, confondez vos voix dans un accord parfait. Répétez l'*ut* de *Qual portento*, à l'arrivée de la lumière dans l'oratorio, pour convaincre mon vieil ami Capraja de la supériorité de l'accord sur la roulade !

— Je veux l'emporter sur le prince qu'elle aime, car cela crève les yeux, elle l'adore ! pensait Genovese en lui-même.

Quelle fut la surprise des convives qui avaient écouté Genovese au bord de la mer, en l'entendant braire, roucouler, miauler, grincer, se gargariser, rugir, détonner, aboyer, crier, figurer même des sons qui se traduisaient par un râle sourd, enfin, jouer une comédie incompréhensible, en offrant aux regards étonnés une figure exaltée et sublime d'expression, comme celle des martyrs peints par Zurbaran, Murillo, Titien et Raphaël. Le rire que chacun laissa échapper se changea en un sérieux presque tragique au moment où chacun s'aperçut que Genovese était de bonne foi. La Tinti parut comprendre que son camarade l'aimait et avait dit vrai sur le théâtre, pays de mensonges.

— *Poverino*, s'écriait-elle en caressant la main du prince sous la table.

— *Per dio santo*, s'écria Capraja, m'expliqueras-tu quelle est la partition que tu lis en ce moment, assassin de Rossini! Par grâce, dis-nous ce qui se passe en toi, quel démon se débat dans ton gosier.

— Le démon, reprit Genovese, dites le dieu de la musique. Mes yeux aperçoivent des anges qui du doigt me font suivre une à une les notes de la partition écrite en traits de feu ; et j'essaie de lutter avec eux. *Per dio*, ne me comprenez-vous pas ? le sentiment qui m'anime a passé dans tout mon être ; dans mon cœur et dans mes poumons. Mon gosier et ma cervelle ne font qu'un seul souffle. N'avez-vous jamais en rêve écouté de sublimes musiques, pensées par des compositeurs inconnus, qui emploient le son pur que la nature a mis en toute chose et que nous réveillons plus ou moins bien par les instrumens, avec lesquels nous composons des masses colorées, mais qui, dans ces concerts merveilleux, se produit dégagé des imperfections qu'y mettent les exécutans, ils ne peuvent pas être tout sentiment, tout ame. Eh bien, ces merveilles, je vous les rends, et vous me maudissez! Vous êtes aussi fou que le parterre de la Fenice, qui m'a sifflé. Je méprisais ce vulgaire de ne pas pouvoir monter avec moi sur la cime d'où l'on domine l'art, et c'est à des hommes remarquables, un Français..... Tiens, il est parti!.....

— Depuis une demi-heure, dit Vendramin.

— Tant pis! il m'aurait peut-être compris, si de dignes Italiens, amoureux de l'art, ne me comprennent pas.....

— Va, va, va! dit Capraja en lui frappant de petits coups sur la tête en souriant, galope sur l'hypogriffe du divin Ariosto; cours après tes brillantes chimères, theriaki musical.

En effet, chaque convive, convaincu que

Genovese était ivre, le laissait parler sans l'écouter.

Capraja seul avait compris la question posée par le Français.

Pendant que le vin de Chypre déliait toutes les langues, et que chacun caracolait sur son dada favori, le médecin attendait la duchesse dans une gondole, après lui avoir fait remettre un mot écrit par Vendramin. Massimilla vint dans ses vêtemens de nuit, tant elle était alarmée des adieux que lui avait fait le prince, et surprise par les espérances que lui donnait cette lettre.

— Madame, dit le médecin à la duchesse, en la faisant asseoir, et donnant l'ordre du départ aux gondoliers, il s'agit en ce moment de sauver la vie à Emilio Memmi, et vous seule avez ce pouvoir.

— Que faut-il faire? demanda-t-elle.

— Ah! vous résignerez-vous à jouer un rôle infâme sous la plus noble figure qu'il soit possible d'admirer en Italie. Tomberez-vous, du ciel bleu où vous êtes, au lit d'une courtisane? Enfin, vous, ange sublime, vous, beauté pure et sans tache, consentirez-vous à être la Tinti, chez elle, à tromper l'ardent Emilio que l'ivresse rendra peu clairvoyant.

— Ce n'est que cela, dit-elle en souriant et en montrant au Français étonné un coin inaperçu par lui du délicieux caractère de l'Italienne aimante. Je surpasserai la Tinti, s'il le faut, pour lui sauver la vie.

— Et vous confondrez en un seul deux amours séparés chez lui par une montagne de poésie qui fondra comme la neige d'un glacier sous les rayons du soleil en été.

— Je vous aurai d'éternelles obligations, dit gravement la duchesse.

Quand le médecin français rentra dans la galerie, où l'orgie avait pris le caractère de la folie vénitienne, il eut un air joyeux qui échappa au prince fasciné par la Tinti de laquelle il se promettait les enivrantes délices qu'il avait déjà goûtées. La Tinti nageait en vraie Sicilienne dans les émotions d'une fantaisie amoureuse sur le point d'être satisfaite. Le Français dit quelques mots à l'oreille de Vendramin, et la Tinti s'en inquiéta.

— Que complotez-vous, demanda-t-elle à l'ami du prince.

— Etes-vous bonne fille ? lui dit à l'oreille le médecin qui avait la dureté de l'opérateur.

Ce mot lui entra dans l'entendement comme un coup de poignard dans le cœur.

— Il s'agit de sauver la vie à Emilio ! ajouta Vendramin.

— Venez, lui dit le médecin.

La pauvre cantatrice se leva et alla au bout de la table, entre Vendramin et le médecin, où elle parut être comme une criminelle entre son confesseur et son bourreau. Elle se débattit long-temps, mais elle succomba par amour pour Emilio. Le dernier mot du médecin fut : Et vous guérirez Genovese !

La Tinti dit un mot au ténor en faisant le tour de la table. Elle revint au prince, le prit par le cou, le baisa dans les cheveux avec une expression de désespoir qui frappa Vendramin et le Français, les seuls qui eussent leur raison, puis elle s'alla jeter dans sa chambre. Emilio, voyant Genovese quitter la table, et Cataneo enfoncé dans une longue discussion musicale avec Capraja, se coula vers la porte de la chambre de la Tinti, souleva la portière et disparut comme une anguille dans la vase.

— Hé bien, Cataneo, disait Capraja, tu as tout demandé aux jouissances physiques, et te voilà suspendu dans la vie à un fil, comme un arlequin de carton, bariolé de cicatrices, et ne jouant que si l'on tire la ficelle d'un accord.

— Mais toi, Capraja, qui as tout demandé aux idées, n'es-tu pas dans le même état, ne vis-tu pas à cheval sur une roulade?

— Moi, je possède le monde entier, dit Capraja qui fit un geste royal en étendant la main.

— Et moi je l'ai déjà dévoré, repliqua le duc.

Ils s'aperçurent que le médecin et Vendramin étaient partis, et qu'ils se trouvaient seuls.

Le lendemain, après la plus heureuse des nuits heureuses, le sommeil du prince fut troublé par un rêve. Il sentait des perles sur la poitrine qui lui étaient versées par un ange; il se réveilla, il était inondé par les larmes de Massimilla Doni dans les bras de laquelle il se trouvait, et qui le regardait dormant.

Genovese, le soir à la Fenice, quoique sa camarade Tinti ne l'eût pas laissé se lever avant deux heures après-midi, ce qui, dit-on, nuit à la voix d'un ténor, chanta divinement son rôle dans la *Semiramide*, il fut redemandé avec la Tinti, il y eut de nouvelles couronnes données, le parterre fut ivre de joie, le ténor ne s'occupait plus de séduire la prima donna par les charmes d'une méthode angélique.

Vendramin fut le seul que le médecin ne put guérir. L'amour d'une patrie qui n'existe plus est une passion sans remède. Le jeune Vénitien, à force de vivre dans sa république du treizième siècle, et de coucher avec cette grande courtisane, amenée par l'opium, et reconduit dans la vie réelle par l'abattement, succomba, plaint et chéri de ses amis.

L'auteur n'ose pas dire le dénoûment de cette aventure, il est trop horriblement bourgeois.

Un mot suffira pour les adorateurs de l'idéal: la duchesse était grosse!

Les Péris, les ondines, les fées, les sylphides, les muses du vieux temps, les vierges de marbre de la Certosa da Pavia, le Jour et la Nuit de Michel-Ange, les petits anges que Bellini le premier mit au bas des tableaux d'églises, et que Raphaël a fait si divinement au bas de la vierge au donataire, et de la madone qui gèle à Dresde, les délicieuses filles d'Orcagna, dans l'église de San-Michele à Florence, les chœurs célestes du tombeau de Saint-Sébald à Nuremberg, quelques vierges du Duomo de Milan, les peuplades de cent cathédrales gothiques, tout le peuple des figures qui brisent leur forme pour venir à vous, artistes compréhensifs, toutes ces angéliques filles incorporelles vinrent autour du lit de Massimilla, et y pleurèrent!

Paris, 25 mai 1839.

TABLE

DU DEUXIÈME VOLUME.

Chap. VIII. L'amant sauvé et perdu (suite) . . . 3
    IX. Le triomphe du mari 35

MASSIMILLA DONI.

Dédicace. 73
Chap. I 79
— II. 151
— III. 205
— IV. 275

www.ingramcontent.com/pod-product-compliance
Lightning Source LLC
Chambersburg PA
CBHW071130160426
43196CB00011B/1850